スタートダッシュ大成功!

小学校 学級開き 大事典

『授業力＆学級経営力』編集部編

低学年

明治図書

さぁ，学級づくりの
スタートダッシュを決めよう！

　新年度，新しく受け持つ学年・学級が決まると，ワクワクドキドキが止まりません。これは，教師を何年やり続けても変わりません。

　この思いを胸に，新年度の準備がスタートします。

　前年度の３月末の子どもたちの姿や学級の様子が，頭や体に残っている中での新年度の準備。この切り替えが大変です。

　春休みに，どんな準備をしておけばよかったかな。

　学級開きのために，何をしておかなくてはいけなかったかな。

　新年度スタートまでの時間は，そんなにありません。まわりの先生方に準備のことを聞こうにも，忙しそうです。

　今まで経験がある学年で，記録を残していれば，少し安心かもしれませんが，はじめて低学年を受け持つのなら，頭の中に「何を準備すればよいか」のイメージをもつことは簡単ではありません。

　そんなとき，この『学級開き大事典』が役に立ちます。

　もくじを見てください。

　「春休み」の準備から「新年度スタート１週間」の仕事の様子が細かくわかるようになっています。まずは，ここに書かれている通りをやってみることをおすすめします。やりながらもっと知りたいことが出たときは，まわりの先生方に知りたいことだけを短く質問するとよいでしょう。

　さらに，教室環境や掲示物のアイデアも豊富です。子どもたちを迎える教室環境を，余裕をもって整えることができます。余裕ができれば，他のクラスの教室環境や掲示物を見に行くゆとりも生まれます。

　また，出会いの日の教室トークの実例や学級づくりのためのゲームやアクティビティの実例もたくさん紹介しています。これらは，クラスの子ども達

の実態に合わせて，少しアレンジすればすぐに使えるものです。

　実例は，トークやゲームだけではありません。学級開きに欠かせない「朝の会」「給食当番」「掃除当番」「係活動」「学級通信」「はじめての保護者会」などのシステムづくりのための工夫やポイントが紹介されています。これらを春休みに読んで，新しくスタートする自分のクラスに合うように少し加工・準備しておけば，新年度スタートにバタバタせず，落ち着いてシステムづくりに取り組むことができます。

　きっと，本書の第6章までを読むだけで，「ワクワクドキドキ」の「ドキドキ」が落ち着くのを感じられると思います。落ち着いて，ワクワクした気持ちで，子どもたちを迎えることができるのです。これは，学級開き成功の一番のポイントだと思います。

　ところで，本書には，達人教師の学級開きの小ネタや学級開きの悩みQ＆Aも掲載されています。

　小ネタは大切です。小ネタをたくさんもっていればもっているほど，臨機応変に学級づくりに取り組むことができます。

　また，「こんな悩みが出てくるかも…」ということを事前に知ることで，そのときの対応をどうすればよいかを考えておくことができます。

　本書『学級開き大事典』を，新年度のスタートダッシュを大成功させるために，フル活用していただければ幸いです。

2018年2月

福山　憲市

CONTENTS
もくじ

さぁ，学級づくりの
スタートダッシュを決めよう！ ………………………………… 2

第1章

こうすれば絶対うまくいく！
学級開き成功の
ポイント

1　1人をほめて，みんなをほめる ………………………………10

2　もう少し上のレベルをさり気なく示す ………………………10

3　すべてを「いい勉強」という言葉で括る ……………………11

4　「いい勉強」を帰りに振り返る …………………………………11

5　「いい勉強」を「いつでもカード」にする …………………12

6　成長を「見える化」する …………………………………………12

7　聞く場を増やし，「聞く名人」を生み出す …………………13

8　見ているか確かめる場を設け，いい目を育てる …………13

9　ほんの少し「ゲーム化」する ……………………………………14

第2章

春休み〜新年度1週間の動きがすべてわかる！

学級担任の
新年度の仕事一覧

1 1年生担任の仕事 ……………………………………………16

2 2年生担任の仕事 ……………………………………………30

第3章

小さな工夫が大きな差を生む！

学級開きを成功に導く
アイデア

1 「学級目標」のアイデア❶ ……………………………………46

2 「学級目標」のアイデア❷ ……………………………………48

3 「自己紹介カード」のアイデア❶ ……………………………50

4 「自己紹介カード」のアイデア❷ ……………………………52

5 「おたより・予定表」のアイデア ……………………………54

6 「給食当番」のアイデア ………………………………………56

7 「掃除当番」のアイデア ………………………………………58

8 「係活動」のアイデア …………………………………………60

9 「学習ルール」のアイデア ……………………………………62

もくじ 5

第4章

子どもの心をガッチリつかむ！
出会いの日の
教室トーク

1 あいさつは元気よく！（1年）……………………………………66

2 小学校は何でも大きいよ！（1年）…………………………………68

3 信号を守って元気に登校しよう！（1年）…………………………70

4 今年は1年生の先輩としてがんばろう！（2年）…………………72

5 毎日のびのび，毎日わくわく！（2年）……………………………74

6 育てよう自分だけの花，咲かせよう世界一の花！（2年）……76

第5章

クラスがギュッとまとまる！
学級づくりの
ゲーム＆アクティビティ

1 学級開き当日にできる短い活動❶（1年）…………………………80

2 学級開き当日にできる短い活動❷（1年）…………………………82

3 友だちづくりや学級づくりの活動❶（1年）………………………84

4 友だちづくりや学級づくりの活動❷（1年）………………………86

5 友だちづくりや学級づくりの活動❸（1年）………………………88

6 学級開き当日にできる短い活動❶（2年）……………………90

7 学級開き当日にできる短い活動❷（2年）……………………92

8 友だちづくりや学級づくりの活動❶（2年）…………………94

9 友だちづくりや学級づくりの活動❷（2年）…………………96

10 友だちづくりや学級づくりの活動❸（2年）…………………98

第6章

クラスがどんどんうまくいく！
学級づくりの工夫＆アイデア

1 「朝の会」の工夫＆アイデア ……………………………………102

2 「給食当番」の工夫＆アイデア …………………………………104

3 「掃除当番」の工夫＆アイデア …………………………………106

4 「係活動」の工夫＆アイデア ……………………………………108

5 「帰りの会」の工夫＆アイデア …………………………………110

6 「学級通信」の工夫＆アイデア …………………………………112

7 「連絡帳」の工夫＆アイデア ……………………………………114

8 「はじめての保護者会」の工夫＆アイデア ……………………116

9 「学校探検」の工夫＆アイデア …………………………………118

第7章

パッと使えて効果絶大！
達人教師の
学級開き小ネタ集

1　1年生の小ネタ集 ……………………………………… 122
2　2年生の小ネタ集 ……………………………………… 126

第8章

「今すぐ何とかしたい！」を素早く解決！
学級開きの悩み
Q&A

1　話を静かに聞けない子が多すぎます… ……………………… 132
2　注意されなくても話を聞けるようになってほしいです… …… 134
3　体育館への移動で整列させるまでが一苦労です… ………… 136
4　授業開始と同時に「先生，○○を忘れました」の声… ……… 138
5　騒いでいる子を怒ることから授業が始まります… ………… 140
6　保護者はみんな自分よりも年上で緊張してしまいます… …… 142
7　連絡帳を書く時間がありません… ………………………… 144
8　「学校に行きたくない」と言っているという電話が… ……… 146
9　子どもたちの様子にイライラしてしまうことが… ………… 148

第1章 こうすれば絶対うまくいく！学級開き成功のポイント

1　1人をほめて，みんなをほめる ……………………………………10
2　もう少し上のレベルをさり気なく示す ………………………………10
3　すべてを「いい勉強」という言葉で括る ……………………………11
4　「いい勉強」を帰りに振り返る ………………………………………11
5　「いい勉強」を「いつでもカード」にする …………………………12
6　成長を「見える化」する ………………………………………………12
7　聞く場を増やし，「聞く名人」を生み出す …………………………13
8　見ているか確かめる場を設け，いい目を育てる ……………………13
9　ほんの少し「ゲーム化」する …………………………………………14

Chapter 1

1人をほめて，みんなをほめる

 低学年の子どもは，ほめられると，もっとがんばろうという姿を見せます。同時に，友だちがほめられる姿を見て，自分もほめられたいと思います。
 そこで，1人をほめたら，その後に必ずみんなもほめるようにします。
 例えば，こんなふうにほめます。
「中村さん，いい姿勢ですね。足がそろっていますね」
 このほめ言葉を聞くと，すっと足をそろえる子どもが出てきます。それを見逃しません。
「すごい！　すぐに足をそろえてくれた人がいますね。うれしいなぁ。すぐにいいことを真似してくれる人がたくさんいますね」
 にこにこ笑顔で教室全体を見渡すようにします。低学年の子どもたちは，目を合わせるだけで笑顔があふれます。

 もう少し上のレベルをさり気なく示す

 よい手のあげ方をしている子がいます。もちろん，すぐにほめます。
「池田さん，いい手のあげ方ですね，すごいなぁ」
 しかし，これで終わりにせず，次のようにつけ加えます。
「指がぴんっと伸びているともっと素敵ですね」
 もっと上のレベルを，さり気なく示すのです。
 低学年の子どもは実に素直です。さり気なく言った上のレベルをしっかりと覚えています。それを見逃しません。
「さっきより手のあげ方がすごい！　みんな，手の指がぴんっと伸びていますね，本当，すごい！　さっき池田さんに言ったことを，みんなもよく聞いていたんですね」
 こうすることで，クラスのみんなが笑顔になります。

❸ すべてを「いい勉強」という言葉で括る

　低学年の子どもは，勉強といえば国語や算数のような教科書を使う学習だけと考えがちです。特に１年生は，学級開きと同時に「勉強しよう！　勉強しよう！」と国語や算数の学習を待ち望んでいます。

　しかし，学級開きで大切なのは，国語や算数などの勉強の土壌となる学習規律を浸透させることです。

　例えば，「起立！」という合図でさっといすを入れて立つ。このとき，前ページのようにほめた後，次のようにつけ加えます。

　「みんな，『いい勉強』をしていますね。立った姿でほめられた人は，すごく『いい勉強』をした人ですよ。さすがです！」

❹ 「いい勉強」を帰りに振り返る

　下校前に，子どもたちに聞きます。

　「今日１日，みんなたくさんの『いい勉強』をしましたね。覚えているかな。起立でさっと立つ『いい勉強』。指をぴんっと伸ばして手をあげる『いい勉強』。黙って廊下の右側を歩く『いい勉強』。まだまだ，たくさんあります。みんながんばれたかな？　がんばったよという人は…」

　少し言葉を伸ばしながら，全員を見回します。そして，言います。

　「いい姿勢をして，先生の方をじっと見てください」

　手をあげさせるのではなく，じっと目を向けさせる。そうすると，全員の目が集まります。

　「すごいね，みんな『いい勉強』をがんばったんですね。えらい！　明日もたくさんの『いい勉強』をしましょう」

　そう言って，全員をほめた後，帰りのあいさつをします。

　もちろん，帰りは全員とハイタッチ。にこにこ笑顔で帰って行きます。

第１章　学級開き成功のポイント　　11

5 「いい勉強」を「いつでもカード」にする

　学級開きで話した「いい勉強」は，「いつでもカード」にしておきます。例えば，「ゆびを（　　　　）とのばして，てをあげる」とひらがなで書き，絵を入れてつくったカードです。

　これを翌日子どもたちに見せ，（　　　　）の中を当てさせます。前日の「いい勉強」の想起です。

　「よく覚えていたね。これも『いい勉強』ですね」

　覚えていたことを，「いい勉強」としてほめることもできます。

　この「いつでもカード」は，掲示板にどんどん貼っていきます。

　ちなみに，筆者の学級では，「いい勉強の木」と名づけた木の絵を，後ろの掲示板に貼っています。1枚また1枚と貼っていく「いつでもカード」は「いい勉強の実」です。

　「先生，木にいっぱい実がなったよ」

とうれしそうに見る子どもの姿を写真に撮り，学級通信で保護者に伝えます。

6 成長を「見える化」する

　「いい勉強の実」は，少しずつ大きくなります。

　例えば，手のあげ方や姿勢，並び方などは，2，3日で言われなくてもすっとできるようになります。その成長の姿を「見える化」してあげます。それが，「いい勉強の実」が大きくなるということです。

　「あっ，先生，手のあげ方の実が大きくなってる！」

　子どもたちが帰った後に，がんばり続けているものを，ほんの少しだけ大きくします。子どもは実が大きくなることで自分たちの成長を実感します。

　「みんな，よくがんばり続けているから，実も大きくなるんだね。実がもっともっと大きくなるように，『いい勉強』をしてくださいね」

7 聞く場を増やし，「聞く名人」を生み出す

　低学年の学級開きで欠かせないのが，「聞く」という構えをしっかりと浸透させることです。そのために，いろいろな「聞く場」を用意します。
　例えば，紙芝居。絵を見ながら話を聞く場です。紙芝居の後には，いろんな質問をします。
　「よく聞いていましたね。質問の答えが全部わかる人は，聞く名人だ！」
　紙芝居ではなく，CDで昔話を聞かせる場も設けます。耳だけで「聞く」場です。紙芝居のときと同じように，最後に質問をします。しっかりと答えられたら，「聞く名人」と言ってほめます。
　1冊の絵本を，絵を見せずに読むこともあります。このときは，途中で話を止めて，聞いている姿をほめることもします。
　時には，校長先生や養護教諭の先生方に教室に来ていただき，簡単な話をしていただきます。そのときの聞く姿を写真に撮って後で見せたり，聞いた話についての質問をしたりします。

8 見ているか確かめる場を設け，いい目を育てる

　低学年の学級開きでは，「聞く」と同じように「見る」にも力を入れます。よく見ているか確かめる場を，1日に何度か設けます。
　例えば，1枚の絵を黒板に貼って，10まで数えた後にはがします。そこで，絵に関する質問をします。
　「何の動物の絵だったかな？」
　「何匹いたかな？」
　「何色だったかな？」
など，よく見ているとわかる質問です。子どもたちが答えるたびによく見ていたことをほめ続けます。

第1章　学級開き成功のポイント

9 ほんの少し「ゲーム化」する

　靴をていねいにそろえ，靴箱に入れる。ランドセルをロッカーにていねいに入れる。教科書やノートを引き出しにていねいに入れる。低学年の学級開きでは，「ていねいさ」を子どもの中に浸透させることも欠かせません。

　こういうとき，「ていねいに入れなさい！」と厳しく言うだけでは，子どもの心の中にすーっと入っていかないのは言うまでもありません。

　そこで，ていねいに取り組むことを，ほんの少し「ゲーム化」します。

　例えば，ランドセルの様子を見て，

　「ランドセルが，ロッカーにきれいに入っているね。花まる２つ！」
と言い，花まる（裏に磁石がついている）を黒板の端に貼ります。

　「すっごくランドセルがきれいに入っていたら，花まる３つつくけどなぁ。今日は最初の日だから，すこーし時間をあげます。ランドセルをていねいに入れてきてください」

　そのていねいに取り組む姿を，うんとほめます。

　花まるが10個貯まると，少し大きめの花まる１個に変身します。

　この大きめの花まるがその日のうちに２つになると，連絡帳にはんこを押してあげます。もちろん，全員にです。

　ていねいに取り組むことは，個別指導も大切ですが，低学年の学級開きでは全員で取り組んで，何かを達成することに力を入れます。

　そのための手法の１つが「ゲーム化」なのです。

　ほんの少し「ゲーム化」することで，みんなでクリアしようという意欲が生まれ，またその姿をほめることができます。

　連絡帳に押すはんこは，そのがんばりの証しです。

（福山　憲市）

第2章 春休み〜新年度1週間の動きがすべてわかる！
学級担任の新年度の仕事一覧

1　1年生担任の仕事 …………………………………………………………16
2　2年生担任の仕事 …………………………………………………………30

Chapter 2

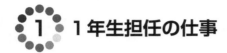 1年生担任の仕事

春休み

　入学してくる1年生は，期待と不安でいっぱいです。そんな中，頼れるのは担任の先生だけです。ですから，少しでも子どもたちの不安を取り除き，安心させる手立てを考えておきます。入学式から1か月が大切です。学校は楽しい場所と思わせるしかけを用意しておきたいものです。

　また，入学式までにやっておくべき実務がたくさんあります。同学年の先生方を中心に，落ちがないように計画的に準備をしていきます。

【学年体制で整えておくこと】
❶入学式実施案の確認
　昨年度の入学式の反省を読み返し，今年の実施案を確認します。自分の担当する仕事を確認の上，昨年度の1年生の担任の先生とも情報を交換すると有効なアドバイスがもらえます。

❷保育園や幼稚園との情報交換会などの資料の確認
　以下の視点から情報を収集し，入学式から即座に対応できるようにしておきます。
・集団の中での様子（配慮を要する子や交友関係）
・給食の注意事項（宗教上やアレルギーなどで食べられないものの確認）
・トイレ（和式でも大丈夫か，お漏らしをしやすいか，など）
・園での生活リズム（睡眠不足，家庭環境からの弊害など）
・保護者対応（ネグレクトやクレームなど）

❸クラス名簿づくり

　クラスごとに番号を決定し，様々な名簿を作成します。学年の先生たちと協力して，誤記や落ちがないように慎重につくります。漢字や読みの間違いは，信頼を大きく損なう要因になるので，入学式の当日の朝にも再度確認するぐらい念には念を入れてチェックします。

❹配付物の確認

　学級・学年だより，保健だより，給食だより，入学式名簿，黄色い帽子，名札，お道具箱，ランドセルカバー，記念品，連絡袋，連絡帳，教科書，ノート，保健調査書などです。
　漏れや不測の事態も考えられるので，予備を用意しておきます。

❺名前や出席番号のラベル作成

　靴箱，机，いす，ロッカー，傘立てに貼っておきます。
　ラベルは，ビニールテープでつくります。下の写真のように，カッターマットの上にテープを貼りつけ，定規を当てて一定の長さで切ると，あっという間にでき上がります。

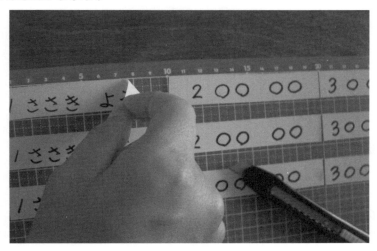

❻教室環境の整備

教室に花が置いてあるだけで明るい雰囲気になります。また，異学年の作品を飾って教室づくりをしていく学校も多いと思います。全職員との連携を図り，教室づくりの準備を進めていきます。

また，お漏らしや嘔吐など，１年生ならではの急な対応に迫られる事態が起こり得ます。即座に対応できるように，新聞紙やタオルやバケツなどの準備をしておきます。いざというときのための担当を決めておくと安心です。

【学級担任として行っておくこと】
❶座席表作成

入学式の日には，出席確認で名前を一人ひとり呼ぶので，名前の間違いがないように確認しておきます。

なお，入学式は席の隣同士で手をつないで入場するので，下の図のように，隣同士でペアになるよう座席をつくることをおすすめします。

❷学級通信づくり

担任の自己紹介など，心を込めて作成しておきます。

❸当面の予定表作成

１週間分の詳しい内容を予定表の中に記入しておき，週案簿を提出します。

❹担任の自己紹介カードの準備

　言葉だけでなく，先生が好きなものの絵カードを用意しておくと盛り上がります。

　「佐々木先生が好きな花は，チューリップです。チューリップが好きな人は手をあげてください」（ここで手をあげる練習ができます）

　「好きな果物は，さくらんぼです。さくらんぼを食べたことがある人は，笑ってください」（笑顔の練習です）

❺服装チェック

　特に，ここ数年で体型に変化がある人は要注意です。筆者も数年前，入学式当日に昨年度まで着ていたスカートのチャックが閉まらず，急遽違うスカートをはくことになりました。ジャケットと異なる色のスカートになり，かなり違和感がある服装になって撃沈…。サイズの合う，落ちついた雰囲気のスーツを用意します。第一印象はとても大切です。

　入学式は，あっという間にやってきます。やるべき事務作業は，昨年度の１年生の担任の先生や周囲の先生に聞きながら効率的に進めていきます。視覚的にわかりやすい掲示物やキャラクターを用意して，楽しい学校生活を過ごせるようにしたいものです。

1日目

　入学式当日になりました。学校全体で組織的にかかわる体制がしっかりとしていることが大切です。1年生の担任として「今日1日よろしくお願いします！」と周囲の職員にも声をかけます。

　また，ピカピカの1年生の前に立ったときに笑顔で迎えられるように，鏡の前で表情やあいさつの最終確認をしておきます。

　そして，式の流れや担任の仕事もしっかり頭に入れ，落ち着いた雰囲気で迎えます。

❶名簿の確認

・受付係と連携を図り，名簿の確認をする。

　当日の保護者や来賓に配る式次第の中の児童名・担任名などに誤記や漏れがないか確認します。入学間近になって転入・転出する子どももいるので，職員間で連携を図り，当日の欠席者の把握や連絡方法の確認をしておきます。

　また，漢字や読み方が凝った名前が増えており，保護者から当日指摘をされてしまうことがあります。何度確認しても間違ってしまうことはあるので，名簿担当や受付担当と連携を密にして，保護者対応に備えます。

❷式場の確認

・自分の座る位置や立つ位置などの最終確認をする。

・児童席の確認。予備のいすも用意しておく。

❸式の流れの確認

・タイムスケジュールを頭に入れる。

・1年生の入場や退場のルート，待機場所を確認する。

・担任の立ち位置や歩き始めるタイミングなどを確認する。

❹教室環境の確認

- 嘔吐や下痢など,いざというときのために,救急箱や新聞紙,雑巾,バケツの確認をする。
- 補助役の職員や6年生の確認をする。
- 机やロッカーや靴箱などの名前シールが剥がれていないか,名札はそろっているかなど確認する。
- 掲示物や配付物が落ちていないか確認する。

❺教室ではじめての学級活動

・全員トイレに行かせる。

　式が終わってからも「みんなトイレに行きましょう!」と声をかけ,1人残らずトイレに行かせます。緊張している子どもが多いので,まさかの事態に備えて全員行かせることが肝心です。

・子どもに自己紹介をする。

　式場で担任紹介があります。そこではじめて,子どもたちは自分の担任がだれなのかを知りますが,教室に戻ってからも再度あいさつをします。教室

に戻ってからの自己紹介は，クイズ形式にすると子どもたちの緊張もほぐれて楽しい雰囲気に変わります。

「入学おめでとうございます。先生は，この日をずっとずっと待っていました。みんなに会えて本当にうれしいです。それでは，いきなりですが，ここで問題です。入学式で先生の紹介がありました。みんな覚えているかな？ 1年1組のみんなの担任の先生の名前は次のうちどれでしょう？

　　1　ささき　ようこ先生
　　2　さいこう　ようこ先生（ちょっと笑いが漏れる程度の名前に）
　　3　ささのは　ようこ先生（爆笑必至の名前に）

順番に尋ね，どれかに挙手させます。ちょっとしたクイズですが，こんな問題でも1年生は笑って楽しんでくれます。最後にみんなに大きな声で名前を呼んでもらい，「ありがとう！　よろしくね！」と正確な名前を覚えてもらうことが大切です。

・点呼をする。

名前を呼ばれたら大きな声で返事をさせます。まずは教師がお手本を見せ，元気に明るい声で返事をします。次に，よくない返事の例として，わざと元気がない返事や乱暴な返事をやって見せます。最後にもう1度，よい返事を示すことで，正しい返事の仕方を意識づけます。

❻配付物と提出物の確認

・配付物，提出物の一覧表を配付する。
・保護者に，子どもの横にしゃがんでもらい，一緒に配付物と提出物の確認を行う。

配付物は，担任が一つひとつ手にとって見せながら，ちゃんと全員に配付されているかを確認します。足りないものがあれば，その場で言ってもらい予備を渡します。

❼保護者へのあいさつ

・１年生担任としての決意をしっかりと伝える。

　「保護者の皆様，本日はお子様のご入学おめでとうございます。１年１組担任の佐々木陽子です。一人ひとりの子どもたちと学校生活を思いっきり楽しんでいきたいと思います。そのために，次の３点に力を入れていきたいと考えています。

　　１つ目は，わかりやすい授業を行い，子どもの力を伸ばすことです。

　　２つ目は，健康や安全に留意し，成長を支えることです。

　　３つ目は，子どもたち同士が共に認め合い，学校が楽しいと思える場所にすることです。

　保護者の皆様と連携を深め，子どもたちのために最善を尽くしていきます。どうぞ，よろしくお願いいたします」

　誠心誠意，心を込めて堂々と話をします。

❽明日の諸連絡

・登校時刻の確認をする。

・集団下校についての説明をする。

　「自分の通学路を覚える」「同じ通学路の友だちを知る」「地域で見守る民生委員さんのことを知る」など，集団下校の目的や大切さを説明します。通学路は，下校時にも親子で確認してもらいます。

・学年だよりなどを基に，持ち物を確認する。

・持ち物への記名をお願いする。

・おたより等について説明する。

　連絡袋に入れて持ち帰らせるので必ず読んでほしいこと，わからないことがあれば連絡帳で連絡してもらいたいことなどを伝えます。

第２章　学級担任の新年度の仕事一覧　23

2日目

　入学式も終わり，本格的な学校生活がスタートします。小学校の様々なきまりや規律をていねいに教えていきます。1度耳で聞いただけで動くことが苦手な子や，文字が読めない子もいるので，視覚的な工夫が必要です。わかりやすく教えていくために，絵や写真を効果的に使っていくことをおすすめします。

【2日目の時間割例】

1限	学級活動	あいさつと返事の仕方，提出物の出し方，お手紙の渡し方としまい方，トイレの使い方
2限	学級活動	下校の仕方，並び方，集団下校のグループ確認
下校	10：30 集団下校	下校の注意点（広がって歩かない，寄り道をしない，横断歩道の渡り方など）
持ち物	連絡帳，筆箱	

❶朝の準備

　登校したら，「おはようございます！」と，笑顔で元気よく迎えます。靴のそろえ方やランドセル準備などを6年生のお兄さん，お姉さんに協力してもらうと助かります。黒板に机の中の写真を掲示しておくと，それを見ながら準備ができます。

❷健康観察

　一人ひとりの表情を観察しながら呼名します。「はい，元気です」と，みんなに聞こえる声で答えられるように指導します。また，「お腹が痛いです」など，体の調子がよくないときの答え方も教えます。緊張して返事ができない子には無理をさせないで，担任が聞き返したり励ましたりして，臨機応変に対応します。

❸連絡帳や提出物の回収

まずは，各自の机の上に連絡帳と提出物を置かせます。忘れて泣き出す子がいたら，「大丈夫！　明日，持ってきてね」と温かく対応します。列ごとに自分の机の上から先生の机のカゴに入れる流れを練習させます。

❹お手紙の配付

お手紙を渡すときは，列の前の人から後ろの人へ「はいどうぞ」「ありがとう」と，手渡しでていねいに渡させるようにします。後ろを確認しないで勢いよく渡すとお手紙の端が友だちの目に入ったり，皮膚をかすったりして危険です。必ず渡す友だちの方に体を向け，相手が受け取ることができるか確認してから渡させます。

また，お手紙の折り方を教えます。端と端をそろえて２つ折りや４つ折りをする練習をします。そして連絡袋に入れ，おうちの人に必ず見せるように伝えます。

❺トイレ指導

入学式から１週間は，「み・ん・なでトイレ」を合言葉に，全員で適宜トイレに行きます。「行かなくても平気！」と言う子ほど，学習中にムズムズしてきてお漏らしをしてしまう傾向があります。子どもの意思にかかわらず，ここは強制的に連れて行きます。

❻下校の準備

時間がかかるので，早めに準備に取りかかります。
1　道具箱を机の上に置く。
2　ランドセルをいすの上に置く。
3　ランドセルの中の黄色い帽子をとってかぶる。
4　教科書をランドセルにしまったら背負う。
5　道具箱を机の中に入れる。

第2章　学級担任の新年度の仕事一覧　25

3日目

　この日は，ゲームをしながらの自己紹介を行ったり，ロッカーや机の中の整理の仕方，靴箱の靴のそろえ方を指導したりします。もちろん，前日に指導したことを確認しながら，少しずつ学校生活に慣れさせるようにします。

　子どもたちは，視覚的に目に入ってくるものによく反応を示します。この日も写真や絵を使って効果的に指導をしていきます。

【3日目の時間割例】

1限	国語	聞き方や話し方，自己紹介
2限	学級活動	ロッカーの中や机の中の整理の仕方，靴箱の靴のそろえ方
下校	10：30 集団下校	下校の注意点（広がって歩かない，寄り道をしない，横断歩道の渡り方など）
持ち物	連絡帳，筆箱，教科書	

❶聞き方・話し方の指導

　話を聞くことはすべての基本です。この基本をしっかり押さえておかないと学級経営もやりづらくなります。

　〈耳〉耳できく。

　〈目〉目できく。

　〈心〉心できく。

　しっかり聞いている子を片っ端からほめていくと，クラス全体の聞く態度がよくなります。話し方は，声の大きさを調整していくことが大事なので，一番遠い人に届く声の大きさなどを指導していきます。

　また，初任者の先生が陥りがちなのが，子どもがしゃべっているのに話し始めてしまうことです。全員が聞く姿勢になるまで待つことも意識して指導にあたります。

❷自己紹介

　聞き方や話し方の指導の後に自己紹介を行い，友だちと仲良くなるために名前と顔を覚えます。黒板の前に1人ずつ立って話をするやり方や，その場に立って話をするやり方があります。また，曲をかけながら教室中を歩き回り，曲がストップしたらその場で出会った子とじゃんけんして，勝った方から自己紹介をする，といった楽しみ方もあります。

❸ロッカーや靴箱，道具箱の整理整頓

　1年生は，整理整頓を呼びかけるだけではできるようになりません。下のような理想的な状態の写真を事前に黒板や壁に掲示しておき，それを見ながら教えます。また，ものを置く場所やしまう場所を明確に教えることで整理整頓が上達します。きれいにすると学習がしやすいことや気持ちがいいことなどを実感させながら，継続的に指導していきます。

第2章　学級担任の新年度の仕事一覧

4日目

　4日目からは子どもたちも学校のルールや決まりに少しずつ慣れてきます。教室での指導も一通り終わり，今度は教室から一歩出ての指導です。

【4日目の時間割例】

1限	学級活動	廊下や階段の歩き方，保健室の使い方
2限	体育	着替えの練習，並び方
3限	発育測定	
下校	11：30集団下校	
持ち物	連絡帳，筆箱，体操服	

❶廊下や階段の歩き方の指導

　廊下の右側を静かに2人組で歩きます。教師が先頭に立ち，教師から前にはみ出さないこと，列からはみ出さないことを注意します。

　なお，階段は2人組で手をつないでいると危ないので，手を離して降りるように伝えます。

❷保健室の使い方の指導

　養護教諭と相談して，具体的な話をしてもらいます。

❸着替えの練習

　5分以内で着替えができるようにします。服は，机にたたんで置いておくか体育袋に入れるようにします。

❹並び方の指導

　まずは，名前順と男女別名前順の並び方を覚えさせます。背の順は，発育測定の結果から様子を見て行います。

5日目

4日目までは，生活指導を中心に行ってきました。5日目からは，学習面を中心に指導していきます。

【5日目の時間割例】

1限	国語	正しい姿勢，鉛筆の持ち方，名前の書き方
2限	算数	なかまづくりとかず
3限	音楽	校歌，1年生を迎える会の練習
下校	11:30集団下校	
持ち物	連絡帳，筆箱，学習する教科書	

❶正しい姿勢の指導

次のように，テンポのよい掛け声で指導します。

背中はピン！　足の裏ペッタン！

机とお腹の間はグー1つ！　手はひざの上ポン！

❷鉛筆の持ち方，運筆の指導

正しい持ち方が身につくよう掲示資料を活用します。斜め線やグルグル線をたくさんかき，色鉛筆で色塗りなどを行いながら，鉛筆の持ち方や使い方に慣れさせます。

❸名前を書く練習

下のように，はじめての名前を上段に書かせ，下は空欄にしておきます。3月になったら空欄に名前を書かせ，授業参観の際に掲示すると，保護者にも我が子の成長を実感してもらうことができます。

4がつにかいたなまえ	ささきようこ
3がつにかいたなまえ	

第2章　学級担任の新年度の仕事一覧

春休み

　子どもたちは，新1年生が入学してきて，1つ上の先輩として意識しながら活動するようになります。そこで，1年生での経験を生かして，子どもがさらに成長していけるように計画的に準備を進めます。

　また，1年生のころは「せんせい！　せんせい！」と担任に頼っていましたが，「自分たちでチャレンジしてみよう！　やってみよう！」という自主性も芽生えてきます。自分たちで考えて実行していく態度を大切にして，年間を通して育てていきます。

【学年体制で整えておくこと】
❶入学式実施案の確認
　入学式では，2年生が歌や言葉で歓迎します。今までに練習したことが十分発揮できるように，緊張をほぐしてあげられるような言葉かけを考えておきます。

　また，1年生の教室の掲示担当になった場合は，掲示物に不備がないか確認しておきます。

❷前担任たちとの引き継ぎや指導要録などの資料の確認
　子どもたちの特徴を把握しておきます。個人差もありますが，2年生になって変わろうとする子もいます。1年後の成長を見据えて支えていく準備をします。以下の視点で情報収集します。
・集団の中での様子（配慮を要する子，交友関係，リーダー性など）
・学習の様子（補充が必要な子など）
・給食の注意事項（宗教上やアレルギーなどで食べられないものの確認）

・保護者対応（ネグレクトやクレームなど）

❸1年間の見通し

　行事や児童会など年間行事予定で確認していきます。学年で話し合い，行事ごとに主になって進める担当を決めておきます。

❹配付物の確認

　学級・学年だより，児童調査票，保健調査票など不足がないようにします。担任用に配付物を毎日ためていけるように，ファイルやストック箱を用意しておくと便利です。

❺公文書の作成

　出席簿や保健簿などを，記載漏れや誤記がないように作成する。

❻名前や出席番号のラベル作成

　靴箱，机，イス，ロッカー，傘立てに貼っておく。

❼時間割の作成

　学年で一緒に活動したい生活科や体育などの割当は調整して入れます。子どもたちの実態に合わせて意欲的に学習に取り組めるように作成します。

❽副教材選び

　ドリルやワークテストなどを，子どもたちの実態に合わせて学年で話し合い，決めます。ドリルによっても書き込み式のものや別のノートに書くものなど使い方が違うので，子どもたちが取り組みやすいものを選びます。

❾教室環境の整備

　教室掲示など学年でそろえるものはあらかじめ決めておきます。黒板周辺

の掲示物や水槽のポンプなど，配慮を要する子どもにとって学習の障害になるものは，なるべく置かないようにします。

【学級担任として行っておくこと】
❶当番活動の準備
　当番には，日直や給食，掃除などがあります。子どもが自分の役割に責任をもって活動できるよう，他にどんな仕事が必要になりそうか考えておきます。

　下の写真のように，学級全員に1人1役を与え，その日に自分の当番ができたら下校までに自分の札を裏返す，という方法があります。すべて裏返すと，1日の当番が全部終了し，下校できることを知らせる絵が現れます。

❷係活動の準備
　1年生での経験を基に，自分たちでつくりたい係を話し合わせます。そのための掲示用ポスターや計画表などを用意しておきます。

　また，教室に係からのお知らせ掲示板を設け，活動の様子を知らせるようにすると盛り上がります。

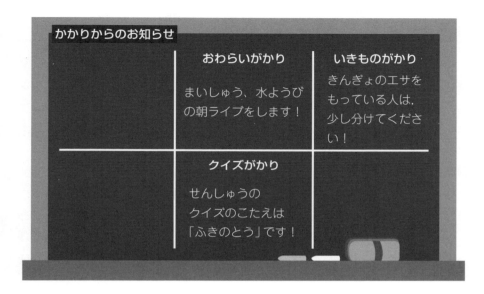

❸当面の予定表作成
　1週間分の詳しい内容を予定表の中に記入しておき，週案簿を提出します。
　また合わせて，クラスの全員がわかりやすい，楽しい授業を考えておきます。友だち同士でゲーム感覚で活動できる内容を入れると盛り上がります。

❹担任の自己紹介の準備
　手品やクイズ，特技の披露など，印象に残る自己紹介をして，子どもたちのハートをわしづかみします。

1日目

　始業式当日は，笑顔で迎えます。子どもたちも期待と不安でいっぱいです。「何組になるのかな」「担任の先生はだれなのかな」「クラスが一緒になる友だちはだれなのかな」と，気持ちが高ぶります。子どもたちが「今度のクラスは楽しそうだ」と思えるような出会いの演出を考えておきたいものです。

●顔と名前の把握

　なるべく早く全員の顔と名前を一致させます。例えば，下の図のように，座席表に子どもの好きなことや得意なことなどを１つだけでも書き込んでおくと，子どもとの距離を縮めるきっかけになります。また，前学年の担任からの情報ばかりに頼るのではなく，配慮をしつつ，新しい見方で子どもの成長を支えていきます。

16 ○○○○ バレー	11 ○○○○ いちご	6 ○○○○ 犬	1 ○○○○ 算数
17 ○○○○ クイズ	12 ○○○○ 習字	7 ○○○○ ダンス	2 ○○○○ サッカー
18 ○○○○ お絵かき	13 ○○○○ 将棋	8 ○○○○ 水泳	3 ○○○○ 英語
19 ○○○○ 野球	14 ○○○○ 旅行	9 ○○○○ 給食	4 ○○○○ 読書
20 ○○○○ 鳥	15 ○○○○ 電車	10 ○○○○ ピアノ	5 ○○○○ 国語

❷自己紹介

　子どもたちの担任に対する期待値は高く，特に第一印象は非常に大切です。得意なことを披露したり，教師の情報をクイズ形式で出題し，「おもしろい先生だな」「この先生なら楽しいクラスになりそう」など，好印象を与える自己紹介にします。

　以下にその一例を紹介します。

　先生は，昨年１年生の担任だった佐々木陽子先生のお姉さんです。
　はじめまして！

　（子どもは興奮して「ウソだ〜，佐々木先生だよ！」と言い張りますが，顔色変えずお姉さんで押し通します）

　いえいえ，佐々木先生のお姉さんです！　昨年は，妹があなたたちの担任でした。とってもいい子たちだと聞いています。

　（このように，持ち上がりでもトーク次第でインパクト大の出会いに変わります）

　実は先生，妹にも秘密にしていることがあるんですよ。それを知りたいですか？

　（子どもたちは，「秘密」という言葉に好奇心を示します。知りたい気持ちを高めてから話をします）

　先生は，みんなの生まれた日がわかるんです！

　それでは，前列の○○さん，何月に生まれましたか？（４月です）

　桜満開の，よい季節に生まれましたね。それでは生まれた日を当てます！　今から出す５枚のカードに自分の生まれた日の数字があったら「あります」と言ってください。ないときは，「ありません」と言ってください。

　（カードを１枚ずつ見せていきます）

第２章　学級担任の新年度の仕事一覧　　35

〈1枚目〉

1	9	17	25
3	11	19	27
5	13	21	29
7	15	23	31

〈2枚目〉

2	10	18	26
3	11	19	27
6	14	22	30
7	15	23	31

〈3枚目〉

4	12	20	28
5	13	21	29
6	14	22	30
7	15	23	31

〈4枚目〉

8	12	24	28
9	13	25	29
10	14	26	29
11	15	27	31

〈5枚目〉

16	20	24	28
17	21	25	29
18	22	26	30
19	23	27	31

1枚ずつ自分の生まれた日があるかないかを聞きます。「あります」と答えたカードの左上の▓▓▓の数字をたします。その合計がその子の生まれた日です。

例えば，1枚目と3枚目と5枚目のカードに子どもが生まれた日があり，「あります」と答えたら，1＋4＋16＝21で，生まれた日は21日となります。

クラスの人数分だけ5枚のカードを印刷しておいて，子どもたち同士で生まれた日を当てる活動を実際にやってみます。友だち同士でも誕生日がわかり，互いに「○○の日に生まれたんだね！」と会話を楽しむことができ，クラスに温かな空気が広がります。

❸入学式への参加

直前に，緊張をほぐす言葉かけをして，励まします。出番が終わったら，それまで練習をがんばってきたことを称え，2年生としてのこれからの子どもたちの姿勢に期待していることを伝えます。

❹下校指導

「明日も元気に登校しよう」という気持ちになれるように，「さようなら」の場面でも以下のようなちょっとした活動を取り入れます。

・教師とじゃんけん
・教師とハイタッチ
・クラスの合言葉を言う
・歌を歌う
・手遊びをする

また，机の中に教科書の置き忘れがないかなどの確認をします。いすも出しっぱなしにならないように，身の回りの整理整頓をしっかりさせるようにします。

第2章　学級担任の新年度の仕事一覧　37

2日目

　いよいよ教室で授業が始まります。学級経営を円滑に行うためにも，学級のシステムをしっかり浸透させていきます。

　学級目標は，子どもたちの今現在の様子を踏まえ，翌年の３月にあるべき姿を見通して設定します。教師の願いや想いを子どもたちに語り，子どものなりたい姿をヒアリングして，よりよい目標をつくっていきます。

【２日目の時間割例】

1限	学級活動	座席決め，当番・係決め，学級目標づくり
2限	国語	オリエンテーション
3限	算数	オリエンテーション
4限	生活	オリエンテーション
下校	13：15 下校	下校の注意点（広がって歩かない，寄り道をしない，横断歩道の渡り方など）
持ち物	連絡帳，筆箱，教科書，ノート	

❶座席決め

　はじめは，学習面や生活面での様子を確認したいので，機械的に出席番号順で決めることをおすすめします。

❷当番や係決め

　１年生のときの当番・係活動の話をさせます。当番なら一人ひとりの役割が明確になっていることが大切です。係活動では，「クラスのためにこんな活動をやってみたい」という自主性が大切です。１年間やってきた活動を生かしながら取り組んでいきます。

　また，共通理解を図るため，当番表や係活動表を教室に掲示します。

❸学級目標づくり

　教師の願いや想いを伝えるとともに，子どもから「こんなクラスにしたい」「こんなふうになりたい」という姿をヒアリングして，生活面や学習面を踏まえながら検討します。

　2年生では，子どもだけではなかなか決められないので，「仲良し」「やる気」などのキーワードを抽出し，教師が集約していきます。

例1
大きくなあれ！　3つの「き」

　　げん匿…健康であることはすばらしい。元気があれば何でもできる。

　　やる匿…自ら進んで勉強や運動を一生懸命にやる。

　　ゆう匿…友だちと仲良しになるために声をかける勇気，よくないことをしていれば注意する勇気をもつ。

　　※「気」と「木」をかけて，目標の背景に木の絵をかいて掲示する。

例2
　　にこにこ

　　クラスにえがおがいっぱい

　　みんななかよし

　　※縦読みでクラス名（2組）になる。

❹教科書の配付とオリエンテーション

　各教科書を配付し，1年間の見通しがもてるようなオリエンテーションを行います。例えば，教科書の表紙や目次から気づいたことを話し合わせます。子どもの実態に応じて，1年生の復習のテストや簡単なゲームをおこなうのもよいでしょう。時間があればノートの書き方も教えます。

第2章　学級担任の新年度の仕事一覧　39

3日目

　この日から授業が本格的にスタートします。教科ごとに学び方やノート指導をていねいに行います。

　また，子どもの「なぜ？」「どうして？」という好奇心や意欲を引き出しながら，クラスの全員が「今年の担任の先生はわかりやすい授業をする！」「なんだか楽しい授業だ！」と思えるような内容にしていきます。

【３日目の時間割例】

1限	国語	漢字
2限	体育	整列，おにあそび
3限	音楽	オリエンテーション
4限	学級活動	掃除の仕方
下校	13：15 集団下校	下校の注意点（広がって歩かない，寄り道をしない，横断歩道の渡り方など）
持ち物	連絡帳，筆箱，教科書，ノート，体操服	

❶国語の授業

　子どもが「楽しいな」と感じるような，漢字の学習を行います。例えば以下のような学習があります。

・漢字ビンゴ

　今まで習った漢字をマスに書いて，ビンゴゲームをします。

・漢字フラッシュカード

　カードに書かれた漢字の読みを当てるゲームをします。

・漢字カルタ

　教師が漢字を読み上げ，子どもは読み上げられた漢字の札をとります。

・漢字クイズ

　「木が３つあります。この漢字は何でしょう？」「正解は『森』です」

また，漢字ドリルやノートの使い方も教えます。手本となるノートの書き方見本をあらかじめ用意しておいて，印刷したものを各自ノートの内側に貼らせておくと共通理解が進みます。

❷体育の授業
　新しい学年になったので，心新たに自分の順番や並び方をしっかり覚えさせます。整列の当番などを決めて，子どもたち自身で号令をかけて並べるように指導します。また，友だちと仲良く楽しめるようなゲーム，おにあそびなどを行うと盛り上がります。

❸音楽の授業
　知っている歌を思いっきり歌う，みんなで音楽を鑑賞する，音楽のリズムに合わせて手拍子をする，といった学習がおすすめです。

❹掃除の仕方の指導
　「やらせる」のではなく，「必要性を感じさせる」ことが大切です。教室がきれいになると気持ちいいこと，学習がスムーズにできることなどを実感させます。

4日目

4日目にもなると，子どもたちも2年生の学習に慣れてきます。

【4日目の時間割例】

1限	国語	ふきのとう
2限	算数	表とグラフ
3限	生活	春見つけ
4限	生活	春見つけ
下校	13：15下校	
持ち物	連絡帳，筆箱，教科書，ノート	

❶生活科の授業

「春見つけビンゴ」（下写真。生き物を見つけたらチェックを入れ，1ビンゴできたら教室に戻る）や，実際に生き物を見せて，どこにいるのか探してくるゲームなど，楽しい学習を行います。

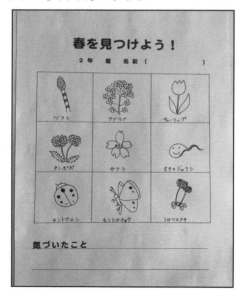

5日目

学習のルールやノートのとり方の定着を図ります。

【5日目の時間割例】

1限	国語	ふきのとう
2限	算数	表とグラフ
3限	体育	まねっこ遊び
4限	道徳	わたしのめあて
下校	13：15集団下校	
持ち物	連絡帳，筆箱，教科書，ノート	

❶国語の授業（ふきのとう）

教師の後に続けて読む，ペアで読み合う，など，音読のバリエーションを与えながら飽きさせないように指導していきます。

❷算数の授業（表とグラフ）

挿絵を見ながら，遊具で遊んでいる子どもの人数をわかりやすく表す方法を考えさせます。

❸体育（まねっこ遊び）

ウサギ，ゾウ，カエル，飛行機，機関車など，動物や乗り物のまねをして歩きます。

❹道徳（わたしのめあて）

充実した学校生活を過ごすには，自分の目標をもって生活することが大切です。ねらいに合った教材や資料を選びます。自分がやるべきことをしっかりと行うことの大切さに気づくことができるようにします。

（佐々木陽子）

第3章

小さな工夫が大きな差を生む！
学級開きを成功に導くアイデア

1 「学級目標」のアイデア❶ …………………………………46
2 「学級目標」のアイデア❷ …………………………………48
3 「自己紹介カード」のアイデア❶ …………………………50
4 「自己紹介カード」のアイデア❷ …………………………52
5 「おたより・予定表」のアイデア …………………………54
6 「給食当番」のアイデア ……………………………………56
7 「掃除当番」のアイデア ……………………………………58
8 「係活動」のアイデア ………………………………………60
9 「学習ルール」のアイデア …………………………………62

Chapter 3

1 「学級目標」のアイデア❶

自分も友だちも大好き！
みんなの素敵を知ろう！

　学級開きの際，「それぞれの顔はもちろん，様々なことが違っているけれど，みんな大切な一人ひとりだ」と話される先生は多いでしょう。この話を表現する言葉と子どもたちの顔を教室に掲示します。なお，これは勤務校において，数年前より引き継がれているものです。

自分の顔をつくる

　手鏡を用意して自分の顔をじっくりと観察したあと，顔の輪郭からつくり始めます。しっかりと自分の顔を見つめる機会にもなります。眼鏡やほくろの有無なども含めて，自分自身のことをよりよく知るとともに友だちのことも知るきっかけとなるでしょう。必ずしも写実的につくる必要はありません。
　顔の輪郭用の紙は八つ切り画用紙半分の大きさに，目や瞳・口・眉は，色紙や上質紙を適当な大きさに切っておくと作業がしやすいです。肌・髪・瞳等の色は，学級の実態に合わせて配慮してください。約2時間で完成します。2年生であれば，肌を絵の具で色づけすることもできます。頬も塗れるので，より立体感が生まれます。この場合は，4時間くらい必要です。

一人ひとりの顔を，汽車の車両に乗せる

　学級目標や指導の意図に応じて船やロケット，雲などに乗せましょう。

（井阪　恵子）

学級目標と子どもたちがつくった自分の顔（教室前）

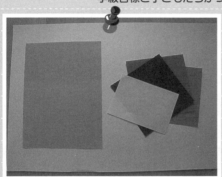
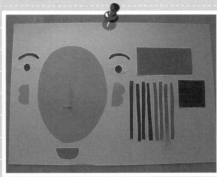

実態に合わせて大きさを変えて準備し，顔の各部分をつくります

鼻はつまんで糊代をつくり，バランスを考えて完成させます

2 「学級目標」のアイデア❷

俳句調の学級目標で，心を支えよう！

「学級目標」は，1年間子どもの目に，そして心に訴えるものです。担任からのメッセージであったり，学級で話し合って決めたりと，決定までの過程はいろいろあっても，1年間，誰もがすぐ言える言葉でつくるのが理想です。単なる掲示物ではなく，心のよりどころになったら素敵ですね。

俳句調で覚えよう

「なかよく　かしこく　まっすぐに」は頭に「2年生」をつけると，そのまま俳句調になります。行事等のはじめに「2年生は？」と問うと，合言葉のように「なかよく　かしこく　まっすぐに」と応えるようになります。また，個々の言葉の頭をとると「な・か・ま」です。「こんな仲間になろう」という願いです。学級通信名も「なかま」にすると保護者にも浸透します。

めあても「な・か・ま」で考えよう

学期ごとのめあても「な　友だち同士のこと　か　勉強のこと　ま　運動やルール，学校生活のこと」で提示します。すると，どの子も自分のめあてを具体的に考えることができます。掲示するカードは学期末に自己評価に使い，次の学期に生かすようにすると，めあての内容も成長していきます。

修了式の日，担任は「みんなは素晴らしい仲間になったよ」と，笑顔で次学年に送り出します。子ども一人ひとりの背中を，学級目標は見送ってくれます。このゴールを見据えて，学級目標をつくりましょう。　（大月ちとせ）

なかよく かしこく まっすぐに

教室全面に掲示。シンプル・イズ・ベスト

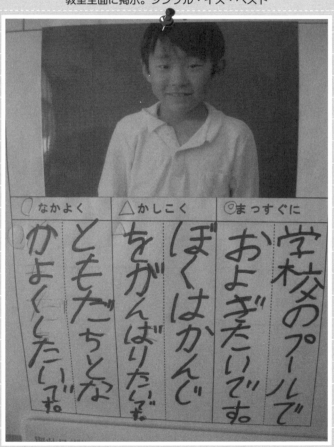

各自のめあてカード。学期末には「◎・○・△」で自己評価をします

第3章 学級開きを成功に導くアイデア

3 「自己紹介カード」のアイデア❶

呼ばれたい名前で呼び合おう！

コピー用紙に手形をかく

まずB5サイズのコピー用紙を準備します。その上に手を置き，手のまわりを鉛筆やクレパスでなぞります。指を広げた状態で手首までかくようにすると後で見栄えします。先生も同じように黒板にかくとわかりやすいです。

呼ばれたい名前・大切なもの・なりたい自分を書く

先にかいた手首の部分に "呼ばれたい名前" を書きます。呼び名はとても重要で，一歩間違うと悪口になったりいじめられたりする原因になります。

自分の呼ばれたい名前で呼ばれると心地よいものです。呼ばれたい名前で呼び合うことから始めることで，一気に距離が近くなります。途中で変なあだ名になっても紙に書いて掲示しておけば，先生が「なんて呼ばれたいって書いてあるかな？」と確認すると子どもも気づき，すぐに直せます。はじめに自分がなんと呼ばれたいか，クラスで共有しておくことは大切です。

次に，5本の指の部分に，"今，自分が大切にしていること・もの・人，大好きなこと・もの" を書きます。大切なものを書くことで，話題のきっかけが生まれたりして親しみやすくなります。

最後に，手の平の部分に "どんな自分になりたいか" を書きます。なりたい自分を書くことは，自身の目標にもなるし，まわりからはサポートしてもらいやすくなります。

(青木　玲奈)

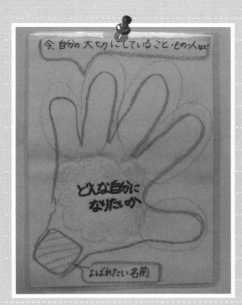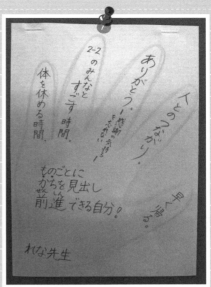

教師が例を示すと子どももかきやすくなります

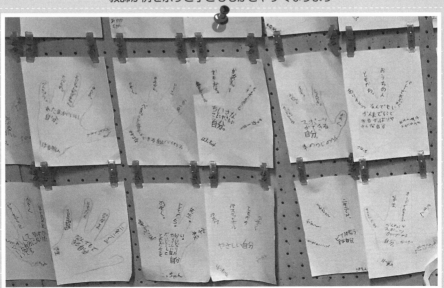

クラスみんなの呼ばれたい名前・大切なもの・なりたい自分が一目でわかります

第3章　学級開きを成功に導くアイデア　51

4 「自己紹介カード」のアイデア❷

自己紹介で
楽しくかかわり合おう！

　学年の始まり，学級開きの頃に行う自己紹介。Ａ４紙１枚程度の自己紹介カードにはどんなことを書き，どのように活用するかを紹介します。

初日に個人写真を撮って貼る

　似顔絵をかかせる場合もあるでしょうが，絵をかくことが極端に苦手な子もいます。そこで，初日に個人写真を撮り，それを貼ることにしています。
　自己紹介カードは，活動後しばらく教室に掲示しておきますが，その際，一人ひとりの顔写真が見える教室もよいものです。

書いた自己紹介カードを持ち交流する

　順番に自己紹介をすると全員のことがわかるのでよいのですが，待ち時間が長くなります。そこで，カードを使い，自由に交流する方法もあります。
　まず，「やろう」と声をかけ，２人組になります。自己紹介カードを見せながら，名前と好きな項目を１つ紹介します。１人が終わったら交代します。２人とも終わったら「じゃあね」と声をかけ，次の人と交流します。
　このとき，「自分からやろうと声をかけること」「男子は女子とも，女子は男子ともやること」の２つもつけ加えます。教師は，誰と誰がやっているか，なかなか動けない子はいないか，自分からは声をかけられずうろうろしたままの子はいないか，支援学級在籍の子や特に気になる子とかかわっているのは誰かなど観点を決め，さりげなくチェックします。　　　　　（近藤　佳織）

子どもたちに書かせる自己紹介カード。中央に写真を貼ります

自己紹介をしながらかかわり合うことができます

第3章 学級開きを成功に導くアイデア

5 「おたより・予定表」のアイデア

学級通信で子どもと子ども，
子どもと保護者をつなごう！

子どものがんばりや教師の見方を載せる

　低学年の学級通信は，保護者に向けて書く場合が多いでしょう。子どもの話だけでは伝わりにくい学級での出来事や子どもの様子，担任の考えを伝えることができるからです。

　私は，毎朝黒板に子どもたちのよいところ，がんばりを肯定的に記したおはようメッセージを書いています。メッセージは毎朝子どもたちが読みます。

　それを写真に撮り，学級通信に載せ，保護者にも伝えます。そうすることで子どもは互いのよさを認め合い，教室で大事にしたい考え方や行動を共有化します。学級通信を子ども同士，子どもと保護者をつなぐ手立ての1つとして活用できます。ただし，載せた名前はチェックし，偏りがないように配慮しましょう。

子どもの絵を載せる

　紙を配り，子どもたち全員に好きな絵と名前をかいてもらいます。それを順番に使って学級通信を発行します。子どもは自分の絵が載る順番を楽しみにします。全員が載ることで，自分も学級の一員であることを実感させたいものです。

　ただし，1度も載らない子がいるままで終わらないようにしましょう。

（近藤　佳織）

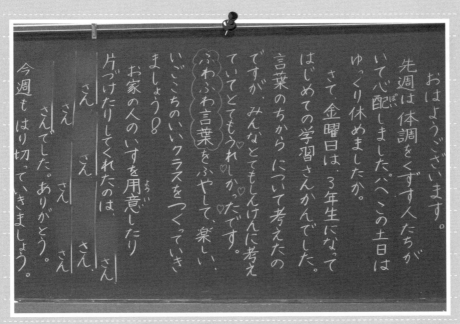

子どものがんばり，よい言動を記したおはようメッセージを書き，写真に撮っておきます

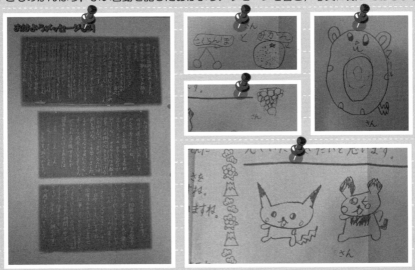

おはようメッセージの写真，子どものかいた絵を切り貼りして学級通信に活用します

第3章 学級開きを成功に導くアイデア 55

6 「給食当番」のアイデア

自分の仕事がひと目でわかる！

　毎週変わる給食当番の仕事。今週はだれが何をするのか，絵やイラストがあると，1年生でもすぐにわかります。低学年の教室では，ユニバーサルデザインの発想が大切です。

給食当番をイラストで示す

　まず，給食の白衣をかける場所に，子どもの名札をかけておきます。すると，だれがどの白衣を使うのかひと目でわかります。

　さらに，「給食列車」（右ページ上の写真）を貼りつけておくと，1年生でも「今週は，おかずの仕事なんだな」と自分の仕事がひと目でわかります。給食列車は，給食当番の主な仕事「牛乳」「パン，ご飯」「おかず」「食器」「お茶」「台拭き」などのイラストを客車の上に貼っておきます。特に，ひらがなの学習がまだ終わっていない時期の1年生には，字だけでなく，イラストをつけることはとても重要です。

仕事の札を首にかける

　「おかず」などと書いた札を首にかけるのもよい方法です。給食室まで行ったのに自分の仕事がわからないという子もいます。教師もすべての子どもの仕事まではなかなか覚えられません。仕事札は，白衣と一緒に置くようにすれば，白衣の場所を間違えることも少なくなります。　　　（渡邊　朋彦）

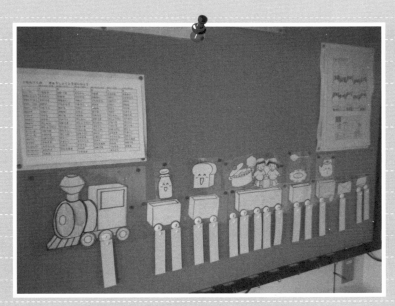

給食列車なら自分の仕事がひと目でわかります

子どもが首にかける仕事札

第3章 学級開きを成功に導くアイデア　57

7 「掃除当番」のアイデア

片づけ方や掃除の仕方が
パッと見てわかる！

　低学年の子どもでも，掃除道具入れの整頓が上手にできる，掃除を手際よく進められるアイデアです。

掃除道具をかけるひもを色分けする

　教室，廊下，靴箱，水道…，それぞれの場所でいろいろな掃除道具を使いますが，使っているうちに，掃除道具入れの中が乱雑になってしまいます。

　そこで，ほうきやちりとりをかけるひもを色分けします。教室で使うものは「赤」，廊下で使うものは「青」，靴箱で使うものは「黄色」などと決めてカラー綴じひもをつけ，同じ色のものは並べてかけるようにします。

　このように，色で分けることで，かけるべき場所にかかっているかどうかがひと目でわかるようになり，低学年の子どもでも，掃除道具入れをきれいに使えるようになります。

掃除の手順を掲示する

　低学年では，掃除のやり方がなかなか覚えられない子もいます。そこで，教師がいなくても自分たちでできるように，各掃除場所に掃除の手順を書いた紙を掲示しておきます。

　わからなくなったら紙を見て，確認しながら進めることができるようになります。

（渡邊　朋彦）

ひもの色で分けると，整頓が簡単です

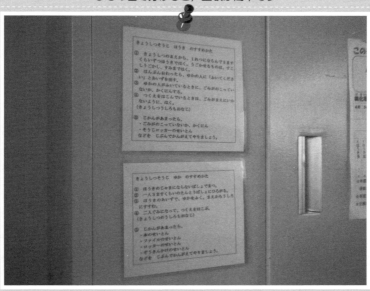

その場所の掃除の手順を書いた紙を貼ります

第3章　学級開きを成功に導くアイデア

8 「係活動」のアイデア

動く掲示物でやる気をアップ！

　係の仕事と，担当の子どもの名前をポスターにして掲示します。その際，活動の様子がわかるように工夫すると，子どもたちの意欲が高まります。

マグネットシートを短冊状に切っておく

　100円ショップで販売しているマグネットシートを用意します。マグネットシートは，両面に色がついているタイプ（赤／白）のものを選びます。短冊状（4cm×10cm程度）に切り，赤い面には「おわりました」と，白い面には子どもの名前を書いておきます。これをクラスの人数分用意します。

ポスターに仕事と担当をまとめる

　係ポスターには，「係の名前」「係のめあて」「仕事」「担当の子どもの名前」を書きます。このとき，先ほどのマグネットを貼るスペースを確保します。マグネットを貼る部分を切り抜いて窓をつくってもよいでしょう。

　係の仕事を終えたら，マグネットをひっくり返します。こうすることで仕事を忘れなくなりますし，マグネットをひっくり返して仕事を終えた満足感を味わうことができます。係ポスターを貼るスペースがスチール面でない場合，マグネットを使わずボール紙で短冊をつくります。両端に穴を開け，綴りひもなどで回転させられるようにすると，同じ仕組みのものができます。

※原実践は，野中信行『学級経営力を高める3・7・30の法則』（学事出版）。

（藤原　友和）

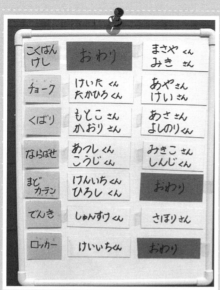
仕事を終えたことがひと目でわかるポスター

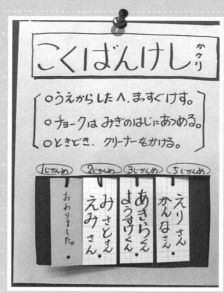
ボール紙でつくることもできます

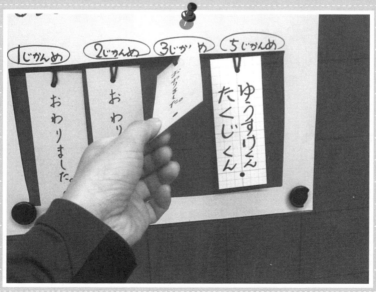
自分でひっくり返すことで，仕事を終えた満足感を味わえます

9 「学習ルール」のアイデア

「べんきょうキャラ」で 楽しく授業を進めよう！

「めあて」や「まとめ」など，学習ルールが「○○小スタンダード」として決められている学校も少なくないと思います。学校で決められているものには従う必要がありますが，工夫の余地があれば，この学習ルールを子どもにとって親しみやすいキャラクターで示すと授業が楽しくなります。

「べんきょうキャラ」をつくる

「かんガエル」「たしカメ」「的目（まとめ）」など，学習ルールの用語にちなんだキャラクターをつくります。子どもと一緒にアイデアを出し合うとさらに親しみのもてるものになります。

考えたキャラクターを画用紙にかいて色を塗ります。水性ペンを使うと，手軽で発色もよく，便利です。

ラミネートして，裏にマグネットを貼る

でき上がった「べんきょうキャラ」はラミネートして，裏にマグネットを貼ります。

黒板横にポケットをつくると，授業中にいつでも素早く取り出すことができます。課題を提示する場面や，ノートに自分の考えを書く場面，友だちと交流する場面など，授業の節目で登場させます。楽しみながら学習ルールを定着させることができます。また，使っていくうちに子どもの意見を取り入れて新しいキャラクターをつくると，さらに盛り上がります。（藤原　友和）

「かんガエル」「たしカメ」などのキャラクター

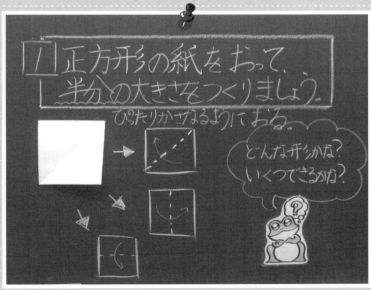

授業の節目ごとに黒板に掲示します

第3章 学級開きを成功に導くアイデア 63

第4章

子どもの心をガッチリつかむ！
出会いの日の教室トーク

1　あいさつは元気よく！（1年） …………………………… 66
2　小学校は何でも大きいよ！（1年） ……………………… 68
3　信号を守って元気に登校しよう！（1年） ……………… 70
4　今年は1年生の先輩としてがんばろう！（2年） ……… 72
5　毎日のびのび，毎日わくわく！（2年） ………………… 74
6　育てよう自分だけの花，咲かせよう世界一の花！（2年）…… 76

Chapter 4

1 あいさつは元気よく！（1年）

話し始める前に

　今日は小学校生活が始まる日です。入学式での担任紹介のあと，これから子どもたちが毎日生活する教室で，はじめて直接話しかける大事な時間です。ゆっくりと笑顔で向き合いましょう。

　第一印象が大切です。服装は清潔に。先生にとっても「特別な日」ということを言葉だけではなく，態度や服装で伝えることも重要です。

　入学式当日はスケジュールに追われてしまいます。しかしできる限り早口にならないようにしましょう。そのためには，伝えるべきことを箇条書きにして用意しましょう。

トークのメニュー

●担任の自己紹介（「○○先生」と，実際に呼ばせてみる）
●返事の意味や重要性を，1年生にわかる程度で伝える。
●子どもの呼名（フルネームで間違えずに読む。できれば短いコメントを入れてほめる）
●これからの小学校生活が楽しそうだと期待できるような話をする（明日からの学校生活の内容を少し話すと子どもも保護者も安心する）。

自分の席についた子どもに，教師はまず笑顔できちんと礼をしましょう。何事も礼で始まることを示します。

　ようこそ○○小学校へ，ようこそ１年○組へ。私は担任の○○です。どうぞよろしくお願いします。

　ていねいにあいさつします。子どもにも保護者にも，きちんとした先生であるということを印象づけるためです。そして呼名に入ります。その前に…。

　みなさんで○○先生と呼んでみてくださいね。「さんはい！」

　と言って子どもたちに「○○先生」と呼ばせます。そこで教師は大きくはっきりとした声で「はい！」と答えます。教師がお手本として返事をすることで，名前を呼ばれたら必ず返事をすることや，声の大きさ，声の向き，声の長さ，表情など，返事でわかることがたくさんあることを知らせます。

　とっても元気で明るい声で呼んでくれてありがとう。先生もうれしくなって元気にお返事しましたよ。「はい！」はとっても短い言葉ですが，「元気ですよ」とか「楽しいですよ」とか「ここにいますよ」とかたくさんのことを教えてくれる言葉です。みなさんも返事はいつも元気よくしましょう。

　いよいよ呼名に入ります。一人ひとりを認めていく最初の授業ですから決して間違えないように，呼び方には細心の注意を払います。できれば子どもたちの返事の特徴を一言ずつほめていきましょう。

　○○さん，とっても元気ですね。○○さん，きれいな声ですね。○○さん，富士山より大きな声で立派。○○さん，スポーツが得意そうな声だわ。○○さん，はずかしがり屋かな？　優しいんだね。たくさんの素敵な声を聞いて，わくわくしてきました。明日からのお勉強が楽しくなりそうです。みなさんにたくさんお返事してもらうために，先生もがんばってお勉強を教えますからね。これからもお返事は元気よくきちんとしましょうね。

第４章　出会いの日の教室トーク　67

2 小学校は何でも大きいよ！（1年）

話し始める前に

　子どもたちは，今まで通っていた幼稚園や保育園などに比べ，小学校の規模の大きさに戸惑ったりびっくりしたりすることでしょう。入学式では，体育館の大きさを体感することができたと思いますが，これからの生活で，体育館がどんなことをする場所なのか具体的には知りません。また教室以外の部屋や廊下の長さにも，初体験の驚きがあるはずです。校庭の広さもその1つです。

　これらの場所の大きさは，明日から学校生活を送る子どもたちの期待の大きさに比例します。子どもたちの期待を膨らませるようなお話をしましょう。

トークのメニュー

●入学式をした場所や教室の場所など学校全体の大きさに着目させる。
●体育館の大きさと，そこで行う体育の授業について話す（このクラスの人たちだけで使うこともあるということ）。
●学校にある体育館以外の場所についてみんなで想像する。
●校庭の広さや，児童数などの話も交え，もっと学校について知りたいという意欲をもたせる。

教室に入った子どもたちに，入学式をした場所から教室までの道筋や，何回廊下を曲がってきたかなど，広さを体感した質問をします。何気ないことにも疑問をもつという学習にもなります。

　やっとみなさんのお教室に着きました。随分と遠かったですね。廊下もたくさん歩きましたね。さっき入学式をやった場所を体育館といいます。とっても広いでしょう。あそこは○組のみなさんだけで使うこともあるのですよ。とっても広いからたくさん走れますよ。何の授業をやるのかわかるかな？

　体育の授業への関心を引き出します。体育の授業は体育館だけではなく，校庭でも行うことに気づかせます。そして，校庭も○組だけで使うことができる時間があることを伝えます。そのほか，小学校の部屋やトイレの数など，家との違い，幼稚園や保育園との違いに気づかせます。

　お天気の日は校庭でも体育をしますよ。みなさんだけで，あんなに広い校庭を使えるなんてすごいね。小学校には体育館や校庭の他にも，いろいろなお部屋があります。みなさんは何か知っているかな？

　こうやって子どもたちに声を出させることで緊張をほぐし，他に何があるのだろうという関心をもたせます。

　理科室，給食室，音楽室……みなさんよく知っていますね。さすが○○小学校の子どもたち。お勉強が得意です。

　ある程度子どもたちの声を聞き，さすが！　とほめることを忘れません。また，子どもたちから出なかった場所や子どもたちが驚くであろう数字なども交えて，見てみたい，知りたいという意欲をかき立てるような話をします。

　○○小学校には○○○人の子どもたちが通っています。１年生から６年生まで，みんなが集まるときもありますよ。給食室では，○○○人分のお昼ご飯もつくります。美味しいよ。楽しみですね。

3 信号を守って元気に登校しよう！（1年）

話し始める前に

　入学式当日は保護者と登校しますが，明日からは交通量の多い早朝，友だちとあるいは1人で登校することになります。子どもたちには交通安全を心がけ，元気に登校できるように促したいものです。ただ注意を呼びかけるのではなく，高学年の理科で学ぶ「酸とアルカリの実験」を信号の「赤・黄・青」に合わせて目の前で行いながら，学習にも安全にも興味をもたせましょう。前日までに水酸化ナトリウムの希釈液，うすい塩酸，ちょっと濃いめの塩酸，BTB溶液の原液を用意します。必ず予備実験を行い，当日は手品のように，子どもも大人も驚く実験をしながら交通安全の話をしましょう。

トークのメニュー

- ●明日からの登校についての注意点（朝が早いこと・今までと違い1人で登校すること・通学路を守ること）
- ●透明の溶液を信号の色に変える実験を行いながら，交通安全について話す。この実験は高学年になるとできることを知らせる。
- ●保護者にも交通安全について注意を喚起する（今日の帰りに子どもたちと通学路を確認しながら帰る）。

※ここで紹介している演出は，安全に十分配慮したうえで行ってください。

　明日からは子どもだけで登校するので，親子ともども不安があると思います。元気に登校できるように，落ち着いてゆったりと話しましょう。

　みなさん，今日は入学式なのでおうちの方と一緒に帰りますが，明日からは自分たちで登校したり下校したりします。ランドセルをしょってちょっと重いけれど，がんばって登校しましょう。学校の行き帰りは通学路を通ります。先生たちが考えたできるだけ安全な道を通ります。

　ここで透明な水溶液を入れたビーカーを３つ出します。A（水酸化ナトリウムの希釈液）B（うすい塩酸）C（ちょっと濃いめの塩酸）。別にBTB溶液（濃い緑の液体の原液）を用意します。AにBTB溶液を入れると，青くなります。ここで青信号の話をします。次にBにBTB溶液を少しずつ入れると，黄色に変化します。ここで黄色信号の話をします。最後にCにBTB溶液を多めに入れます。赤く変化します。ここで赤信号の話をします。

　みなさんに交通安全について考えてもらうために，ここで高学年で行う実験をお目にかけましょう。ここに３つの透明な液体があります。１つ目のビーカーにこの液体を入れます。あれ？　青に変わりましたね。信号で青は？　そう，「進め」です。みなさん進めといいますが，本当は「よく見て安全を確認して進め」という意味なのです。２つ目のビーカーにもこの液体を入れます。あっ，今度は黄色です。これは危険の印です。「もう危ないから無理をしない」という意味です。３つ目のビーカーにもこれを入れます。今度は何色かな？　そう，赤になりました。これは「止まれ」です。必ず信号を守って通学路を登校しましょう。

　実験を行うことでなぜだろうと考えることに興味をもたせながら，交通安全にも気をつけさせます。いつでも信号は守ることを身につけさせましょう。

　今日の帰り道，おうちの方と一緒に通学路を歩き，どこに信号があるかなって確かめながら，信号を守って帰りましょうね。

第４章　出会いの日の教室トーク

4 今年は1年生の先輩としてがんばろう！（2年）

話し始める前に

　小学校生活2年目を迎えた子どもたちは，この1年間で一通りの学校生活を体験しました。新しく入学した1年生から見ると，一番年齢の近い，とても身近な先輩ということになります。今年は後輩ができ，はじめての先輩体験がたくさんあることを意識させたスタートを切らせたいものです。頼りがいのある先輩になるための心構えです。

　昨年度の自分たちの入学当時を思い出し，1年生に対して，「優しさ」や「思いやり」などの気持ちを，言葉や行動にしていくことを意識するように話します。また弟や妹のいない子どもは，年下に接することが初体験となるかもしれません。その初挑戦に期待するような話をしましょう。

トークのメニュー

●進級を祝う声かけをする（進級という言葉を知らせる）。

●この1年間で身についたことを確認し合い，成長したことを喜び合う。

●1年生が入学してきて，先輩になったことを意識させる。

●1年生に対して，自分たちができることを確かめ合い，明日からの心構えを確認しながら，期待をもたせるような話をする。

子どもの顔をゆっくりと見渡してから，うれしいような驚いたような笑顔で話し始めます。

　みなさん進級おめでとうございます。こうやってしばらくぶりにじっくりみなさんの顔を見ると，おや？　ちょっと会わないうちに大きくなったな，大人に近づいたなと思います。あれ，どうしてだろう？

　少しオーバーでも，去年と違うということを言葉や態度で強調します。

　そうか！　1年間みっちりお勉強をして，もう1年生ではないからだね。漢字も書けるし，たし算やひき算だってばっちりだもの。それに，1年生が入学してきたから，今日から皆さんは先輩ですものね。

　「先輩」という言葉が新鮮に感じられるように，黒板に書いてもいいかもしれません。新しい言葉を習得すると，その意味を理解しながら，新しい感情や行動もスムーズに浸透していくことでしょう。

　去年はみなさんも1年生でした。例えば入学したばかりのとき，はじめてのことがたくさんあったでしょう。去年の入学式の頃に，何か驚いたことを覚えている人はいますか。

　今年の1年生と去年の自分とを重ね合わせることで，相手の気持ちを考えることができるようにします。自分も体験した不安や驚き，感謝などの気持ちを思い出し，今の1年生の気持ちがわかるように話していきます。

　きっとはじめてのことばかりで，1年生はドキドキしているかもしれません。何か困っていそうなときは，優しく声をかけて教えてあげましょう。「わぁ，○○小学校の2年生は優しいな」とか「かっこいいな」とか思ってくれますよ。それから，1年生はみなさんのことを，きっとまねっこすると思います。廊下の正しい歩き方やお友だちと仲良くしているところを，いっぱい見せてあげましょうね。素敵な先輩だなってきっと思うはずです。

第4章　出会いの日の教室トーク　　73

5 毎日のびのび，毎日わくわく！（2年）

話し始める前に

　小学校の2年生というと，小学校生活も1年間経験し，それなりに慣れてきています。また最近早まりつつある中学受験の波もまだあまり受けず，比較的ゆったりと生活できる学年です。子どもが本来もっている好奇心を刺激したり，豊かな感情をはぐくんだりと，子どもの内面を育てるよい時期といえます。今年はゆったりと，子どもたちの発見や気づきを大事に育てようという担任の気持ちを伝えましょう。何気ない子どもの考えや思いが，実は素敵な発見であることを，まず知らせましょう。ちょっとした小道具も子どもたちには魅力的です。

トークのメニュー

- ●1年間過ごし，ひと通りの学校生活が経験できたことを喜び合う。
- ●今年の1年間の予定を知らせる（1年生のときよりも，全体的に少しバージョンアップするように）。
- ●今年のキーワードは「のびのび」「わくわく」（それはどんなことなのか期待をもたせる）
- ●「のびのび」の具体例と「わくわく」の具体例

昨年度の1年間の経験を思い出しながら，2年生に進級した喜びをみんなで共有するために，去年楽しかったことを出し合います。

　進級おめでとうございます。2年生のみなさん，とってもお兄さんお姉さんらしく見えます。○○小学校で，去年たくさんのことを学んだからかな？みなさんはどんなことが楽しかったですか？

　具体的に去年の学びや経験を思い出し，今年の見通しをもたせます。昨年と同じ内容もあるし，今年またはじめての体験もあります。少しずつ補足を加えながら，安心と期待を喚起させます。

　今年は遠足はどこに行くのかしらね。運動会もありますよ。そうそう，去年は展覧会でしたが今年は学芸会です。何をするのかな。楽しみだね。2年生として2回目のこともあるし，はじめてのこともあります。どんなことも進んで楽しんでやりましょう。2年生はどんどんのびのびとがんばります。

　箱を2つ用意します。1つには「のびのび」と，もう1つには「わくわく」と大きくはっきり書いておきます。また教師は事前に，2年生になってからの，「のびのび」に該当する出来事と「わくわく」に該当する出来事を1つずつ短冊に書いておきます。短冊には日付も忘れずに記載しましょう。年度末に1年間のまとめとして活用できます。

　ここに「のびのび」と「わくわく」の宝箱があります。この1年間で，この箱をみんなでいっぱいにしていきましょう。先生は今日さっそく見つけましたよ。入学式のとき，みなさんは元気に大きな声で「歓迎の言葉や歌」を披露できましたね。これはのびのび第1号です。それから今日は転入生が来てくれました。どんな子かな，何して遊ぼうかなってみなさんきっとわくわくしたことと思います。これも「わくわく」の宝箱に入れましょう。
　2年生はみんなでたくさんの「のびのび」「わくわく」を見つけましょう。この宝箱をパンパンにしてしまうような1年間にしましょうね。

6 育てよう自分だけの花, 咲かせよう世界一の花！（2年）

話し始める前に

　2年生でクラス替えのある学校もあります。持ち上がりでもクラス替えがあっても，去年の1年間の成長があってこその2年生です。

　「1年生のときと違うところも成長したいな」とか，「自分を変えたいな」という気持ちが芽生えてくる子がいるかもしれません。これからの1年間が，不安や惰性の1年間にならないように，何事にも前向きに取り組むことができるような，魔法の言葉を子どもたちにかけましょう。リセットを考えたい子，より大きな成長を望む子，すべての子が新しい1年にしたいと思えるスタートを切りましょう。

トークのメニュー

- ●1年間の成長を喜び合う（去年の自分たちは，一粒の種から芽が出てきた状態）。
- ●一人ひとりの芽が出た後の今の状態を考える（個人差があって当然という気持ちをもたせ，安心させることも重要）。
- ●今年の1年間は，一人ひとりの苗を上手に育てる時期。
- ●その苗を大切に育て，きれいな花を咲かせる1年間にしよう。

去年の入学式について，〇〇小学校にたくさんの新しい花の種がやってきたようだったと，そのときの喜びを伝えます。1年間で随分成長したことを確かめ合い，一人ひとりの成長の度合いに違いがあることにも気づかせます。

> 先生はみなさんがとっても素敵に成長したな，とうれしくなりました。去年の今頃，先生はみなさんが大きく成長する植物の種のように思いました。1年間お勉強したり，運動したり遊んだりして，どんどん大きくなりました。みなさんはどうですか？　自分はどのくらい大きく成長したと思いますか？

何人かの子どもに自分の考えを発言させると，自分を植物にたとえたり，今どの状態かを想像したりできない子にはわかりやすくなります。

> とっても大きな子や茎がとっても太い子もいますよ。葉っぱがいっぱい茂っている子もいるわ。ちょっと元気がない子もいるかな。でも大丈夫！　先生は，どんなときも，ちょっと弱っていても丈夫に育つ魔法を知っています。

2年生のスタートラインはみんな一緒だよという安心感をもたせるように，優しく自信をもって話しかけます。

> 2年生は一人ひとりの苗を丈夫に大きく育てる時期です。せっかく〇〇小学校で育っているみなさんですから，今年は太陽を一杯浴びて，お水を忘れずにかけ，ときには肥料もあげましょうね。お勉強をがんばったり運動をしたり，お友だちと仲良く助け合ったりすることが太陽や水や肥料なんだよ。

この1年がんばろう，大きく育てようという意欲をもたせるように，全員に魔法をかけるような楽しい動作をします。

> みなさんいいですか。先生が，みなさんの苗が素敵に大きく育つ魔法をかけますよ。来年の春には，教室中きれいな花でいっぱいにしましょうね。いいですか。それ〜っ！

（齋藤　厚代）

第5章

クラスがギュッとまとまる！
学級づくりの ゲーム＆アクティビティ

1	学級開き当日にできる短い活動❶（1年）	80
2	学級開き当日にできる短い活動❷（1年）	82
3	友だちづくりや学級づくりの活動❶（1年）	84
4	友だちづくりや学級づくりの活動❷（1年）	86
5	友だちづくりや学級づくりの活動❸（1年）	88
6	学級開き当日にできる短い活動❶（2年）	90
7	学級開き当日にできる短い活動❷（2年）	92
8	友だちづくりや学級づくりの活動❶（2年）	94
9	友だちづくりや学級づくりの活動❷（2年）	96
10	友だちづくりや学級づくりの活動❸（2年）	98

Chapter 5

1 学級開き当日にできる短い活動❶（1年）

全身あっちむいてホイをしよう！

所要時間：25分

ねらい

全身を使ったあっちむいてホイで，子どもたちの心の距離を縮める。

準備物

なし

活動の概要

❶活動の目的を知る

「はじめて出会うお友だち。自分のことを知ってもらうために，そしてお友だちのことを知るために取り組む」
ということを伝えます。

❷活動のルールを知る

①じゃんけんをして，勝った子が「あっちむいて」と言いながら，指を相手に向ける。「ホイ」のタイミングで上下左右のどこかを指差す。
②負けた子は，「ホイ」のタイミングで上下左右を全身で表現する。
　　上…ジャンプ　　　下…しゃがむ
　　右…体を右にむける　左…体を左にむける

③指を差した方向と体で表現した方向が同じだったとき，指を差した子の勝ち。合わなかった場合は①②を繰り返す。

❸ **活動に入る**

　最初は普通の「あっちむいてホイ」から入り，「あっちむいてホイ」の基本的なルールを確認するとよいでしょう。

　その後，自己紹介（名前，好きなこと）を行い，握手をしてから「全身あっちむいてホイ」に取り組みます。多くの子と取り組めるように，教室内を自由に歩き回り，ペアをつくらせるとよいでしょう。中には，友だちに声をかけづらい子もいます。そう入った子には，教師がサポートをしてあげることが重要です。

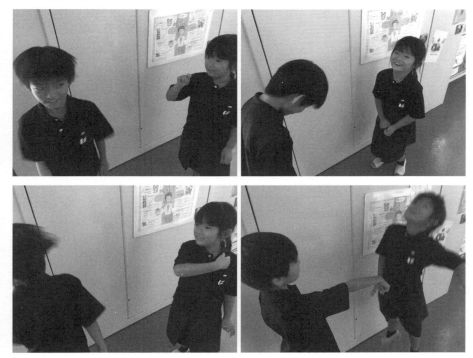

（樋口万太郎）

2 学級開き当日にできる短い活動❷（1年）

○○になりきって自己紹介をしよう！

所要時間：25分

ねらい

たくさんの友だちと楽しく自己紹介し合うことを通して，仲間を増やし，気持ちよく1年をスタートできるようにする。

準備物

なし

活動の概要

❶活動の目的を知る

「自分の夢がかなったと思って自己紹介する」
「どんな内容でも温かく受け入れる」
の2点を伝えます。

❷活動の内容を知る

「さぁ，今から夢がかなったと思って自己紹介しますよ。20歳のあなたになりきって，まわりの友だちとお話しましょう。まずは，4人グループで聞き合いますよ」
以上のように伝え，グループをつくっていきます。

❸**活動の留意点を知る**

「夢がかなったと思って，○○になりきって話をすること」

「うそでもよいので，まずは，自分の夢とそれがかなったときのことをしっかり考えること」

の2点を伝えます。

❹**活動に入る**

4人グループで順番に話していきます。聞いている方は，ニコニコしたり，うなずいたりして，共感的に聞くよう伝えます。

中には，「○○はどんなことをするのですか？」というように質問し合って盛り上がるグループも出てきます。この自己紹介には，ウソもホントもありません。楽しい雰囲気でできるだけたくさんの仲間と交流できるようにすることが大切です。もし，なかなか言えない子がいたとしても，無理はさせずクラスみんなで温かく支え合えるような声かけをしていきましょう。

（奈良　真行）

第5章　学級づくりのゲーム&アクティビティ　83

3 友だちづくりや学級づくりの活動❶（1年）

スキップ・トンで集まろう！

所要時間：15分

ね らい

全員で協力して課題をクリアするという達成感を味わわせる。

準備物

- ●タンバリン
- ●ガムテープ（教室の場合）
- ●フラフープ，平均台，跳び箱（体育館の場合）

活動の概要

❶活動の準備をする

　教室で行う場合，ガムテープを貼って，右ページ写真のように□や△の枠を床にいくつかつくっておきます。体育館で行う場合は，フラフープや平均台，跳び箱をいくつか置いておきます。

❷活動の内容を知る

　「今から，スキップ・トンというゲームをします。先生がタンバリンを鳴らすので，その間は音に合わせてスキップをしましょう。音が止まったら，近くにある枠の中に入りましょう（平均台や跳び箱の上に乗りましょう）」

以上のように伝え，活動を始めます。

❸活動の留意点を知る

「みんなが枠の中に入れたら（乗れたら）ゲームクリア」
「自分だけが入ろうとするとうまくいかないこと」
の2点を伝えます。

❹活動に入る

　教師はタンバリンなど，音の出る楽器を使い「タン・タ　タン・タ…」というリズムを叩き，子どもたちはそれに合わせてスキップをします。楽器の音が止まったら，近くの枠に入ったり，台の上に乗ったりします。全員入れたらゲームクリアです。枠を1つずつ減らしていくと，工夫や協力が必要になるので，盛り上がります。

（布川　碧）

4 友だちづくりや学級づくりの活動❷（1年）

机迷路をつくろう！

所要時間：90分

ねらい

　迷路をつくる活動を通じて，全員で協力して1つのものをつくり上げていく楽しさを感じさせる。

準備物

- 新聞紙（たくさん）
- ガムテープ，セロテープなど
- 児童用机

活動の概要

❶活動の目的を知る

　「話し合って，1つのものをつくり上げていく」
　「友だちと協力して，自分のすることを考える」
の2点を伝えます。

❷活動の内容を知る

　「今からこの教室で迷路をつくります。使う材料は新聞紙，ガムテープやセロテープ，そして，みんなの机です。教室の前側の扉が入り口，後ろ側の

扉を出口とします。机と机をくっつけ，その間をハイハイして通ります。横が見えるので，その部分は新聞紙とガムテープやセロテープを使い，目隠しします。時間は60分です」

以上のように伝え，活動を始めます。

❸活動の留意点を知る

「１人で進めるのではなく，まわりの人と協力して活動すること」
「自分から仕事を見つけて活動すること」
の２点を伝えます。

❹活動に入る

手持ちぶさたになる子どもが出てきたら，例えば「部屋を暗くしたら，お化け屋敷みたいだね」などと声かけをすると，窓や扉のガラス部に新聞紙を貼る子どもも出てくるでしょう。

片づけの際，「新聞紙はぐちゃぐちゃにしていいよ！」と言うと，また盛り上がります。ただし，「新聞紙が１枚でも残ったら，こんな楽しいことはもうしないよ」といった声かけをしておくことも大切です。

（森村　奈世）

5 友だちづくりや学級づくりの活動❸（１年）

レーダーゲームをしよう！

所要時間：20分

ねらい

みんなで協力してゲームに取り組むことで，学級に一体感を生み出す。

準備物

● ひらがなカード（１つのカードに１文字）
● （カタカナカード）
● （漢字カード）

活動の概要

❶活動の目的を知る

「みんながリーダーや解答者を経験すること」
「みんなで協力して解答者を正解に導くこと」
の２点を伝えます。

❷活動の内容を知る

役割………解答者（１人），リーダー（１人），みんな（学級の残り全員）
場の設定…教室で普段の授業と同じ机の配置で行えますが，解答者が動き
やすいよう，机間の通路を広めにするとよいでしょう。

解答者を１人決めて廊下に出てもらいます。その間にリーダーを決めてカードを１枚渡し，解答者以外全員でリーダーが何のカードを持っているかを確認します。

　確認できたら，解答者を教室に呼び戻してゲームスタートです。解答者は教室中を歩き回り，カードを持っているリーダーを探します。リーダーが「あ」のカードを持っていたら，みんなは「あ，あ，あ，あ…」と声を合わせて言います。解答者がリーダーに近づいたら声を大きく，リーダーから遠ざかったら声を小さくします。解答者はその声を頼りに，誰が何のカードを持っているか当てます。解答方法は「〇〇さんが『あ』を持っています」と言葉で答えてもよいですし，「〇〇さんが」と言った後，黒板に「あ」と書いて答えてもよいでしょう。

❸**活動に入る**
　リーダーや解答者をできるだけたくさんの子に経験させたいので，役割決めで間延びしないようテンポよく進めます。カタカナや漢字を習ったら，学習の定着を図るために何度かチャレンジするのもよいでしょう。

（宮本真希子）

第５章　学級づくりのゲーム＆アクティビティ

6　学級開き当日にできる短い活動❶（2年）

算数じゃんけんで
みんな仲良し！

所要時間：15分

ねらい

　課題をクリアするために自分と相手の出す数を合わせることで，一体感や達成感を味わわせる。

準備物

　なし

活動の概要

❶活動のルールを知る

　基本的なルールはじゃんけんと同じで，2人組で行います。
①教師が「1～10」の間の数を指定し，子どもたちに伝える。
　（最初はルール確認をするため，「5」から始めることをおすすめします）
②子ども同士で「じゃんけん，ほい」とかけ声を言い合う。
③かけ声の後，「0～5」の好きな数を指で出し合う。
④2人の出した指の本数の合計が，教師が指定した数になれば「イエーイ」
　と言いながらハイタッチをして，自分の席に座る。
⑤合計が異なった場合は，ペアを替え，繰り返して行う。

❷活動に入る

　最初は「5」を指定し，活動を行う中でルールを確認します。その後は，自由に2人組をつくります。その際，自己紹介（名前，好きなこと）や握手をさせてからじゃんけんを行うとよいでしょう。指定する数を変え，何回か行います。「6」「7」「8」の数字が特に盛り上がります。

❸さらに盛り上がる

　時間があれば，ルールを変更します。例えば以下のようなバリエーションがあります。
- 3人組で，「1～15」までの中から指定された数になるように出し合う。
- 3人組で，「7」または「11」の数になるように出し合う。
- 指の本数の合計を先に言った方が勝ち。

　時間に応じて取り組むことができ，もちろん算数の時間にもできます。

（樋口万太郎）

7 学級開き当日にできる短い活動❷（2年）

サークル de はじめまして！

所要時間：25分

ねらい

　たくさんの友だちと自己紹介をし合う機会をつくり，クラスの仲間の顔と名前を覚えられるようにする。

準備物

●画用紙を切った短冊

活動の概要

❶活動の目的を知る

　「たくさんの友だちの顔と名前を覚える」
　「楽しいクラスにする」
の2点を伝えます。

❷活動の内容を知る

　「今日はじめて同じクラスになった友だちもいるよね。たくさんの友だちの顔と名前を覚えて，楽しい1年にしましょう。6人1組で円をつくって，両隣の友だちと自己紹介しましょう。最後は握手もするようにしましょう」
　以上のように伝え，移動させます。

❸留意点を知る

「今のグループは,『4月』の円です。次は違う友だちと6人組をつくります。次のグループは,『5月』の円です」
と伝えます。

❹活動に入る

上記のように,何度かグループを替えながら自己紹介をしていきます。「4月」「5月」…などのグループ名は,短冊に書いて黒板に貼ります。

グループ替えを4回繰り返したら,次のように言います。

「じゃあ,もう一度『5月』の円をつくってみよう!」

すると,「わからない!」「〇〇さん,こっち,こっち!」とみんなで手をつなぎ合ってグループをつくる姿や,助け合う姿があちらこちらで見られます。教師も「え〜っ,わからない!」「だれか教えて!」と盛り上げます。

グループの名前は「〇月」だけでなく,曜日,教室の中にあるもの,教師の好きなものなど,いろいろ考えられます。後でグループの共通点を考えさせたりするのもよいですね。

(奈良　真行)

8 友だちづくりや学級づくりの活動❶（2年）

英語で遊ぼう，カラーゲーム！

所要時間：20分

ねらい

普段使わない言語を用いてゲームをすることを通じて，クラスのコミュニケーション力を高める。

準備物

●折り紙

活動の概要

❶事前準備をする

ゲームを始める前に，折り紙を見せながら，英語で色の名前を確認します。2年生の場合は，レッド，ブルー，オレンジなど，子どもでも聞き慣れた色から始めます。

色の確認が終わったら，床に折り紙を並べ，2つのチームに分かれます。

❷活動のルールを知る

「今から，『カラーゲーム』をします。2つのチームに分かれて，折り紙が置いてある端と端に並びます。合図があったらスタート。置いてある折り紙を指差し，『レッド』『ブルー』…と言いながら進みます。途中で相手チーム

に出会ったらじゃんけんします。負けたら自分のチームに戻り,新しいメンバーが出発。勝った人はそのまま進みます。先に相手チームにたどり着いた方が勝ちです」

以上のように伝えます。

❸活動の留意点を伝える

「同じチームの人が色の名前を忘れて困っていたら,教えてもよいこと」
「ただし,見ている人が先に色を言うのはルール違反であること」
の2点を伝えます。

❹活動に入る

❷のルールに沿って,ゲームを始めます。人数が多く,繰り返し行う場合は相手チームにたどり着いたら1ポイントと決めて,最終的にどちらのポイントが多いか競い合うのもよいでしょう。慣れてきたら,色だけではなく,動物や食べ物などを扱うと,バリエーションが増えます。

（布川　碧）

9 友だちづくりや学級づくりの活動❷（2年）

ステレオゲームをしよう！

所要時間：20分

ねらい

他のグループに勝てるように作戦を立てることを通して，仲間と協力することの大切さを実感させる。

準備物

なし

活動の概要

❶活動の目的を知る

「グループごとに出題してもらいます。出題するグループの人は，グループの人数と同じ言葉を全員同時に（ステレオで）言います。例えば，3人グループで『プリン』という言葉を出題するとします。3人は前に出てみんなの方を向いて並び，1人が1文字を担当して『プ』『リ』『ン』を全員同時に言います。解答者はグループで相談して，何と言っているかを答えます」
と伝えます。

❷得点のつけ方

最初に正解したグループのみが得点をもらえる方法が一般的ですが，どの

グループも１回で正解すれば５点，２回なら３点など，すべてのグループが毎回得点できる方法もよいでしょう。また，出題者が３回言うまでに答えることができたらどのグループも５点もらえるような方法であれば，どのグループも安心して，落ち着いて答えることができます。

❸さらに盛り上がる

　仲間言葉を集める学習を意識して行うなら，動物，花，食べ物などテーマを決めて出題してみるとよいでしょう。また，登場人物を３人言ったり，物語のキーアイテムを３つ言ったりしてなんの物語かを当てるゲームに発展させても盛り上がります。

　慣れてきたら，言葉の並びと人の並びをバラバラにする，大きな声と小さな声であえて聞き取りにくくする，など，ハイレベルな出題にチャレンジさせることもできます。

（宮本真希子）

10 友だちづくりや学級づくりの活動❸（2年）

新聞紙から○○を見つけよう！

所要時間：45分

ねらい

新聞紙の中から指定された文字を探すゲームを通して，協力することの大切さ，楽しさを実感させる。

準備物

●新聞紙（書かれている記事の内容も確かめておく）

活動の概要

❶活動のルールを知る

「1枚の新聞紙の中から，先生が指定する言葉（ひらがなもしくは漢字1文字）をできる限り多く見つけた人（グループ）が勝ちです」

以上のように話して新聞紙を配り，見つける言葉を伝えます。

❷活動に入る

1人で行ってから，グループで取り組みます。グループは3人または4人がよいでしょう。時間内（5分）に何個見つけることができたのかをグループごとに発表させた後，見つける言葉を変え，2回戦，3回戦と行っていきます。

98

まずは1人で「あ」を探すところから始めますが，意外になかなか見つけることができません。時間が来たら，何個見つけたか発表させた後，グループをつくって「は」を探します。「は」は多用されているため，たくさん見つけることができます。

　このように，あえて最初に難易度が高いことに取り組ませ，次に難易度の低いことに取り組ませると，この活動のねらいを実感させやすくなります。その後は漢字1文字，熟語など，だんだん難しいことにチャレンジしていけば，より盛り上がっていきます。

　最後に，
　「1人で取り組んだときとグループで取り組んだとき，どちらの方が多く見つけることができましたか？」
と子どもに問いかけます。子どもたちは必ず，
　「みんなでやっていった方が見つけることができた！」
と言うことでしょう。そこで，これからの学習もみんなで今日のように協力して取り組むことで，より楽しくなり，よりたくさんのことを学べるということを教えます。

（樋口万太郎）

第5章　学級づくりのゲーム＆アクティビティ　99

第6章 クラスがどんどんうまくいく！ 学級づくりの工夫&アイデア

1 「朝の会」の工夫&アイデア ……………………………… 102
2 「給食当番」の工夫&アイデア …………………………… 104
3 「掃除当番」の工夫&アイデア …………………………… 106
4 「係活動」の工夫&アイデア ……………………………… 108
5 「帰りの会」の工夫&アイデア …………………………… 110
6 「学級通信」の工夫&アイデア …………………………… 112
7 「連絡帳」の工夫&アイデア ……………………………… 114
8 「はじめての保護者会」の工夫&アイデア ……………… 116
9 「学校探検」の工夫&アイデア …………………………… 118

Chapter 6

1 「朝の会」の工夫&アイデア

1 日の始まりに声を出す

　あいさつの後は,「アレンジ健康観察」を行うのがおすすめです。教師が名前を呼び,子どもは返事をします。その返事の後に,ときどき「好きな食べ物」「好きな色」「昨日寝た時刻」「今日楽しみなこと」などお題を出し,「はい,ラーメンです」のように子どもが答えるようにすると,声を出す回数も増え,楽しい雰囲気になります。

　また,友だちとのやりとりを重視したいときには,班ごとに健康を確認し,班長が代表で報告するというやり方もできます。時には輪になって,顔を見ながら健康観察をすることもよいでしょう。健康観察の後は,元気に朝の歌を歌って声を出しましょう。

友だちとかかわる

　思い切り声を出した後は，友だちとかかわる時間をつくります。おすすめは，「五色百人一首」という教材です。色別に20首ずつに分かれている百人一首です。教師が上の句を読み，子どもはカルタに書かれた下の句を探してとります。2人組で行い，多くとれた方の勝ちです。勝った子，負けた子は席を移動し，翌日対戦相手をかえて対決します。

　慣れたころにカルタの色をかえ，次の20首に移るとよいでしょう。

　毎日ペアで楽しみながら行い，覚えていきます。朝の教室で百人一首の声が聞こえると，ちょっと知的な雰囲気になります。

　また，「クラス会議ショート」で友だちとかかわるのもおすすめです。みんなに相談したいこと（議題）があれば出してもらい，解決策のアイデアを出し，それを全て板書します。ショートバージョンなので賛成・反対意見を出さず，どの意見も受け止めます。最後に議題提案者がやってみたい解決策を選んで終わります。「忘れ物をしてしまうんだけど，どうしたらいいか」のような個人的な悩みも相談できます。「毎週〇曜日はクラス会議ショート」と決めておくのも1つの方法です。

（近藤　佳織）

2 「給食当番」の工夫＆アイデア

安全・衛生第一で行う

　給食当番の子から先に手洗い，身支度をします。時間を確保することで慌てて手洗いをすることがないようにします。また，髪の毛は帽子の中に全部入れる，長い場合は結んで帽子に入れるなど細かいことも指導します。このとき，「みんなの給食を運んだり盛ったりするときは，清潔にしようね」と趣意を説明するとよいでしょう。担任も三角巾，マスク，エプロンをつけ，特に最初は一緒に給食当番を行います。

　給食ワゴンをとりに行き，配膳完了までの時間を測り，目安になる時間を示します。競走させることを目的にはせず，「何分くらいで支度ができる？」と子どもに聞き，めあてを達成する場にすることもできます。

教師が盛りつけの見本をつくる

　配膳は給食当番が盛りつけたものを子どもたちがとりに来るシステムが一般的です。しかし，準備の時間を短縮したいときは，給食当番が盛りつけたものを配膳する係が動くシステム「ウエイター方式」もあります。

　配膳の際，最初に見本を1つつくります。子どもはそれを見てだいたいの量をまねして盛ります。最初から完全にうまくできなくても，できた部分を認め，「ちょうどいいよ」「その調子」と声をかけ励ましたいものです。

　いろいろな仕事を経験させることを目的とするならば，給食当番の仕事は，毎日交替制にします。しかし，1つの仕事に慣れさせる場合は，1週間同じ仕事を行い，次回の給食当番のときに仕事をかえるシステムが考えられます。

　食べ始めてしばらくすると，「おかわりタイム」です。おかわりは牛乳，デザートなど分けられないものからじゃんけんを行います。おかわりが複数ある場合は，子どもはおかわりするものを1つ決めてジャンケンをします。お肉，魚などで希望者が多そうな場合は，半分に分けることもあります。できるだけ多くの子どもにおかわりの体験をさせたいためです。

　最後に，汁のおかわりは全部空にせず，少し残すことがコツです。最初に牛乳やデザートで負けてしまった子に「汁がもう少し残っています。まだ，おかわりしていない人どうぞ」と声をかけます。第1希望ではなくともおかわりしたいという気持ちを満たすことができます。

（近藤　佳織）

3 「掃除当番」の工夫&アイデア

分担を明確にし，可視化する

　清掃の目的は何でしょうか。私は，清掃を通じ，自分たちで使う場所をきれいにすること，心を磨くことだと考えています。

　清掃当番は，平等になるように心がけ，どの仕事も順番に経験できるように組んでいます。

　分担場所に応じ，必要な人数を決め，一覧表を作成します。1週間程度同じ場所で同じ仕事を担当する方が子どもは上達します。

　例えば教室清掃であれば，ほうき，雑巾，机運びなどの仕事に分けます。

　その際，教室の後ろから前に向かって清掃を始めます。ゴミが後ろのロッカーの中に入るのを防ぐためです。また，最初に右半分を掃き，拭き，机を後ろに運び，ものを後ろに動かし，右半分がすべて終わったら，左半分も同じように繰り返す方法でやると効率がよいです。

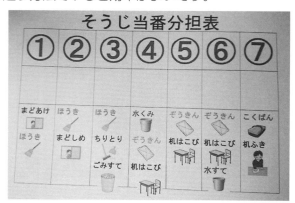

道具の使い方としまい方を教える

　最近は学校以外でほうきを持つ経験のない子も多いです。まず，掃除用具の正しい使い方を教えることです。

　ほうきの奥と手前を逆にして使う子がいます。柄の部分にビニールテープを貼り「これが見えるように持ってね」と教えるとできるようになります。

　ほうきをバットのように振り回して使う子がいます。「強く回すとゴミが飛び散ってしまうからね」と言いながら，床をなでるようにほうきを動かすやり方を教えます。最初は見本を見せ，こまめに声をかけましょう。

　ぞうきんを絞ることができない子がいます。ぞうきんはバケツですすいだ後，四つ折りにします。ぞうきんの上と下（両端）を持ち，両手一緒に内側に向けて絞ります。これも隣で見本を示し，根気よく教えます。

　用具を片づけやすくするには，ほうきやちりとりを戻す清掃用具の中に，どこに何をかけるか，ビニールテープにかいて貼り，印をつけるとよいです。また，正しいしまい方を写真に撮り，貼っておくとわかりやすいです。

　最後に，おすすめの秘密兵器をご紹介。100円ショップなどで売っているメラミンスポンジを用意しておくと便利です。使いやすい大きさに切り，箱に入れておきます。少し早く終わりそうなとき，スポンジで水を含ませて床をこすります。汚れが目に見えて落ちるので子どもも喜んで取り組みます。

（近藤　佳織）

4 「係活動」の工夫&アイデア

インストラクションで会社をつくるときの約束を伝える

　ここでは，「係活動」ではなく「会社活動」として紹介して，低学年の子どもにやる気をもたせます。インストラクションは，一方的な説明にならないように気をつけましょう。子どもたちがイメージできたり，"わくわく"を感じたりできるよう，子どもの様子を見ながら話すとよいでしょう。

　①"係活動"ではなく，"会社活動"であること，②会社をつくり，そこの社員として働くこと，③活動したければどんどん活動してよいこと，④活動が行われていなかったり，クラスの友だちの役に立っていなかったりする場合は「倒産」することを伝えます。

　また，会社をつくるときの約束を２つ伝えます。１つ目は，人の役に立ったり笑顔につながったりすること。２つ目は，自分が楽しめること。自分が

会社を作るときのやくそく

①人のやくにたったり、えがおにつながること

レストランもおいしいものをたべて おきゃくさんがえがおになる。しあわせにあることでやくにたちます。だから、会社活動もクラスの人がえがおになることをかんがえてね。
・・・たとえば、「DS会社」とかは、ダメ。楽しいのは自分だけだよね。

②自分が楽しめること

まずは自分が楽しむこと。楽しめないことをむりにやっても、会社はすぐに倒産してしまいます。

先生の知り合いの先生のクラスでは、こんな会社活動がありました。

〇かていきょうし会社…宿題や勉強がわからない友だちに教えたり、いっしょにやる。
〇大工会社…本たなを作ったり、すばこを作ったりして教室や校庭にとりつける。
〇クリーン会社…がんこなよごれや、荷やすみを専門にきれいにする。
〇フラワー会社…お花を育てたり、家にさいた花を持ってくる。
〇ブック会社…図書コーナーの本におびやかざりつけをして、本をしょうかいする。
そのほかにも…「〇〇新聞会社」「生きもの会社」「勉強会社」などなど。

楽しめないと続きません。子どもたちが"わくわく"して,「これもやってもいい?」と進んで仕事を生み出せるように話をします。

　今までには,あいさつ会社,イベント会社,なんでもつくり会社("お助けコーナー"という筆記用具貸し出しサービスとその箱づくり)などがありました。このように,やりたいことで"会社"をつくります。自然とコミュニケーションが増えたり頼まれた日時や約束を守るという意識が芽生えたりします。また,全部自分の会社でやろうとせず,得意な人がいる会社に頼むこともあり,認め合い・助け合いの場にもなります。

会社カード・ホワイトボードを掲示する

　「あったら楽しい」「全員が楽しい」ことを基準に仕事内容をかき,「会社カード」をつくります。また,ホワイトボードを一緒に掲示し,他会社との"共同開発"や"依頼"の話の場とします。コミュニケーションをとるツールとしても活躍。また,週に1回会社活動の振り返りの時間をとります。活動の振り返りや,依頼主とのコミュニケーション,新しい企画の計画・提案を行います。"やらされる"係活動から,"やる"会社活動へ!

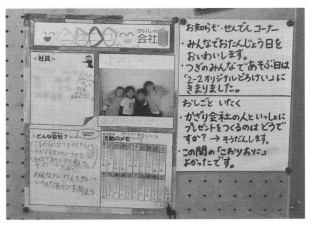

(青木　玲奈)

5 「帰りの会」の工夫&アイデア

「ほめほめタイム」で1日がんばった自分をほめる

　帰りの会は1日の振り返りの場です。自分自身を見つめ，自分で成長できるようにするため，がんばった自分を自分でほめるために行います。

　日直が，今日の自分を見つめ，今日1日がんばった自分をほめます。

　がんばったこと，よかったこと，できたこと，ほめられたこと，やさしくできたことなど，自分の"ほめほめ"を見つけて話します。

　日直の"ほめほめタイム"を聞いて「うんうん。大きな声で言えてた！」「がんばったじゃん！」と認めてもらえて日直はうれしそうな表情を浮かべます。「明日は漢字練習2ページ分やります」という次の目標を話す日直もいます。そうすると，次に取り組んでいる様子を見て「漢字練習2ページ目？　すごいじゃん」などと声をかけられ，さらにやる気がアップします。みんなで友だちの"なりたい自分像"を応援・サポートします。

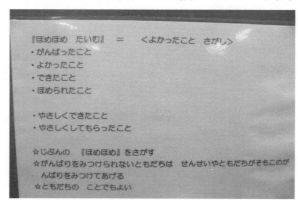

お仕事1分間タイム

　帰りの会の中で，時間を1分間用意し，クラスで分担した仕事に取り組みます。1日過ごした自分の教室をきれいにして帰るのです。次の日を気持ちよく始める環境を自分たちでつくります。放課後に先生が教室を掃除して，誰かの忘れ物に気づいてとなると先生も大変です。教室のことを1人で抱え込まず，子どもと分担するのです。

　窓閉めや机の整とん，水筒チェック，ロッカーの上チェック，電気チェック，配りカゴの中チェック，黒板の日付変更など，帰りの会で忘れることのない体制をつくるとよいでしょう。仕事内容は簡単なもので，教室を整理された環境にするものがよいです。

　お仕事1分間タイムの後は，先生が短く話して，元気よく「さようなら！」のあいさつで終了します。帰りの会は10分から15分と時間が短いです。大事なことは時間通りに帰すためのメニューの精選です。いつまでも始まらない・長々としたメニューは子どもが飽きてしまいます。

8	チョークの せいとん		かえりのかい
9	すいどうの じゃぐちを つかいやすいむきにする（したむきに なっているか）		かえりのかい
10	すいどうの うえが かたづいているか たしかめる		かえりのかい
11	こくばんをふいて きれいにする		かえりのかい
12	いすのせいとん（つくえのなかに いすをいれる）		さよならのあと
13	いっしゅうかんの よていを かく		かえりのかい
14	きょうのよていを けす　こくばんの ひづけを かく		かえりのかい
15	でん気が きえているか たしかめる		さよならのあと
16	きょうしつの そうきんを せいとんする		かえりのかい
17	ろうかの ものかけのものが おちていないか たしかめる		かえりのかい
18	ろうかの ものかけのものが おちていないか たしかめる		かえりのかい
19	ロッカーのうえを かたづける		かえりのかい
20	すいとうが のこっていないか たしかめる		かえりのかい
21	くばりもの さいごの かくにん		かえりのかい
22	ろうかの ごみをひろい ろうかを きれいにする		かえりのかい
23	ぎゅうにゅうパックが かわくように ほしてあるか たしかめる		かえりのかい
24	きょうしつの まどのしたを きれいにする		かえりのかい
25	ミュージック		あさりのかいかえりのかい
26	せんせいの つくえを そうじして せいとん		かえりのかい

（青木　玲奈）

6 「学級通信」の工夫＆アイデア

第1号は，担任の人となりを伝える

　学級通信は，子ども・保護者・先生の3者の想いを共有する場です。また，子どもと保護者のコミュニケーションのきっかけにもなります。保護者が学級通信を見て，「係は何になったの？」「新しい先生はどんな先生？」など子どもに聞きたくなるような内容がよいでしょう。そういう意味では学級通信第1号は，担任と読み手をつなぐ大事なものです。

　例として，担任の全身像や似顔絵をかいてもいいでしょう。自分の好きなことや得意なこと，今ハマっていること，苦手な昆虫など，担任の人となりが伝わる内容がいいですね。

　どんな人間にも長所と短所が備わっています。そして短所は長所の裏返しです。一人ひとりの子どもに寄り添い，長所を伸ばし，ほめ・認め，個人としても集団としても高め合えるような学級をつくっていきます。また「私はこの学級の一員なんだ！」と子どもに実感してもらえるように指導していきたいと思っています。よろしくお願いします。

次に，学級経営上大事にしたいことを書きます。これは，独りよがりにならないように気をつけたいです。こんなクラスにしたい，こんな力を育てたい。子どもたちの今あるプラスの面を土台として伝えることで，保護者も好意的に受け取ってくれることでしょう。

タイトルの工夫・固定のコンテンツで無理なく続ける

　学級通信のために教材研究を怠るのは本末転倒です。日々の授業や事務処理，保護者対応などで放課後の時間は限られています。もし，2号，3号と出す自信がないようであれば，「学級通信」とはせず，「運動会号」「もうすぐ音楽会号」などとしておくとよいでしょう。また，1年間使うことのできる固定のコンテンツを4月に用意しておきましょう。例えば，「こんな○年生を目指します」というものがあります。これを4月1週目に子どもに書かせて集めておけば，切って貼るだけで1年間の学級通信のネタにすることができます。

（青木　玲奈）

7 「連絡帳」の工夫＆アイデア

書く時間は，帰りの会ではない

　みなさん，連絡帳はいつ書かせていますか？　明日の予定だから帰りの会
…なんてやっていたら，すべてが後手に回ってしまいます。何かトラブルが
あって帰りの会で書かせる時間がないとき，どうしますか？　明日の連絡は
絶対です。時間がなかったから書かなくていいとはいきません。だからこそ，
できれば朝の会，遅くともそうじの後などに書かせることが有効です。書く
こと自体に不慣れな低学年はなおさら早く書かせることが必要です。

　早く書いておく最大のメリットは，「明日までの見通しが立つ」というこ
とです。「今日の予定すら覚えていないんだから，明日の予定を朝教えたら
混乱してしまうのでは」というあなた。私のクラスで混乱していた人はいま
せん。毎日の習慣で，慣れてしまうものです。明日までの見通しが立つと，
低学年でも逆算をするようになります。「明日は国語があるから，今日の国
語ではこんなことをやるんじゃないかな？」「明日は好きな体育が２時間も
あるぞ。今日はないけれど，がんばろう」なんて声も聞かれます。見通しを
もって先に先に考える力は，生きる力を育てることにもつながります。

必ずチェックする理由

　低学年のうちは，明日の予定を書いたらすぐチェックすることが大切です。
目的は，「習慣にさせること」「間違いがないかのチェック」「先生とのコミ
ュニケーション」の３つです。

明日の予定を書くことは，子どもたちにとって思っている以上に大変なことです。みなさんが，これから毎日英語で明日の予定をメモするようにと言われたら嫌ですよね。1年生にとっては，それくらい大変です。

　大変なことはサボりがちです。だからこそ，チェックすることによって，毎回出すものとして習慣化していきます。

　そして，何よりもコミュニケーションが大切。学級は教師1人に対して，子どもが多数。1日1回も話さない子が必ずいるのです。「今日は元気ないけれどどうかした？」「今日の給食は○○くんの好きなカレーだね」「明日はサッカーやるよ。たのしみだね」。この積み重ねが学級経営力とつながります。連絡帳は大切なコミュニケーションの場なのです。

はんこはたくさんもち，時には絵をかいてあげる

　がんばって書いた子どものためにも，教師も何かしてあげるという気持ちは大切です。連絡帳に毎回違うはんこを押してあげることをおすすめします。

　違ったはんこになるだけで，子どもの表情もやわらぎます。「今日は○○だー」と言ったら，そこからコミュニケーションの始まりにもなります。特にあまり話さない子には，好きなはんこをしっかり理解しておいて，そこをきっかけにコミュニケーションをとることも重要です。

（庄子　寛之）

第6章　学級づくりの工夫&アイデア　115

8 「はじめての保護者会」の工夫&アイデア

事務連絡は端的に　書いてあることはあまり説明しない

　１年生のはじめての保護者会は，教員にとっても新鮮な場です。ほとんどの保護者がいる中で行う保護者会は，どこの学校もこの時期だけと言ってよいと思います。それだけ保護者はわからないことが多く，少しでも学校のことを知ろうと来ているのです。つまり，この保護者会で保護者の気持ちをつかめるかは，今後６年間保護者を味方につけられるかが決まると言ってよいほど重要です。では，約１時間30分何をすればよいのでしょう。もちろん事務連絡は大切です。しかし，書いてあることを一方的に読み上げるだけでは，そもそも紙が配られればわかったということになってしまいます。大事なことは「事務連絡は端的に。書いてあることはあまり説明しない」ということです。書いてあることは読めばわかります。そこを説明しているとあっという間に１時間が経過してしまいますが，それでは保護者は満足しません。

よい学級は，よい保護者集団

　よい学級の３条件というものがあります。「よい子ども」「よい学校（教師）」「よい保護者」というものです。この３つがよければ，すばらしい学級であると言えるのです。

　では，「よい子ども」や「よい学校（教師）」というものは，日々の授業で行っていけばよいですが，「よい保護者」というのはどうすればよいのでしょう。

　「よい保護者」は，ただの当たりはずれでは決してありません。

　「今年の保護者ははずれだったわ」

　職員室で時々聞く会話ですが，それは教師が悪い保護者にしてしまっているだけなのです。「よい保護者集団」にするために，教師としてさまざまなことを行うことができます。学級通信で日々の様子を伝えたり，個人面談で悩みを聞いたり…。その中でも保護者会は格好の場所です。だからこそ，保護者会では事務連絡は程々にして，保護者同士のコミュニケーションの場とすることが大切なのです。

　まずは，保護者が仲良くなる必要性について話します。「学校の様子がわかるためには，保護者同士で知り合いをつくることが大切。それがこの場なので，仲良くなって帰ってください」と話します。

　そこまでできたら，学級活動で行うようなレクリエーションを行います。「猛獣狩りに行こうよ」などのゲームのような，立ち歩きながらグループをつくるゲームをやりながら，いろいろな人と自己紹介できる空間をつくりましょう。できたらみんなが笑顔になって取り組めるものがよいです。大人でも楽しそうにやってくれること間違いなし。

　最も大事なことは，保護者が今日来てよかったと思える１時間30分だったかどうか。それを考えて，はじめての保護者会を計画しましょう。保護者会で心をつかむことができれば，これからの学級経営上手くいくこと間違いなしでしょう。

（庄子　寛之）

9 「学校探検」の工夫&アイデア

ペア決めが命

　学校探検は、2年生にとっての最初の一大イベントです。1年生にとっては、毎日がイベントの連続。学校探検はその1つでしかありません。

　学校探検を成功させるために重要なのは、ペア決めです。もちろん教師が決めますが、入念な準備が必要です。学校探検の表向きのめあては「学校のことを知る」「1，2年生が仲良くなる」ですが、教師としては「2年生が2年生の自覚をもって行動できる」だと思います。2年生がお兄さんお姉さんとして行動できればこの行事は大成功です。そのために、ペア決めは吟味しましょう。例えば、課題のある1年生にはしっかりした2年生をつけます。それでもカバーできなければ2年生を2人、または教員もつきます。課題のある2年生には優秀な1年生を。ここまでは当然かもしれません。他には、出身幼稚園・保育園をチェックしましょう。あまり同じ子をくっつけないようにします。幼稚園や保育園の話をすることで夢中になってしまうからです。

成長するのは，1年生以上に2年生

　先ほどから書いていますが，「学校探検」で成長するのは2年生です。1年担任は，「1年後，こんな2年生になるんだよ」と，1年生を通して2年生をほめることが大切です。2年担任は，2年生であるという自覚をしっかりもたせることが大切です。そのために，何度も準備とシミュレーションを行います。そして，成功したらうんとほめます。ここがしっかりできれば，1年間安泰といっても過言ではありません。

　では，ほめるためにはどうすればよいのでしょう。それは，当たり前のレベルを下げることです。1年生と2年生が手をつないで教室を巡ります。これは当たり前でしょうか。いやいや当たり前ではなくすごいことです。それだけでうんとほめてあげるべきです。走り回っている子がいたらどうでしょう。当然ずっと走っているわけではありません。歩いたときをほめるべきです。つまり，ほめるか叱るかは，教師がどう解釈するかで決まるのです。

　4月の下旬。1年生は入ったばかり。2年生は2年生になったばかりです。問題行動があって当たり前。問題がないというだけでほめる材料なのです。教師の解釈を柔軟にしておきたいですね。

（庄子　寛之）

第7章 パッと使えて効果絶大！達人教師の学級開き小ネタ集

1　1年生の小ネタ集 ……………………………………………………… 122
2　2年生の小ネタ集 ……………………………………………………… 126

Chapter 7

1 1年生の小ネタ集

お返事「はいっ！」

　入学式終了後，教室で保護者の方も一緒に担任の話を聞きます。たとえ短い時間でも，「最初の授業参観」だという自覚をもって演出することが大事です。なぜならば，これが担任の信頼を得る絶好の機会だからです。

　「いきなりですが，先生クイズです」

第1問　○○先生は何才でしょう？

　　　　　①5才　　②46才　　③100才

　①だと思う人？　②だと思う人？　③だと思う人？　と手をあげさせますが，ほぼ全員②に手をあげるでしょう（わざと当たるような3択にします）。

　「みんな，大正解！　さすが1年生」

　「あ，おかあさんの方が若い」

　「こらこら，お母さんと比べなくていいですからね」

などと，やりとりをします。そして「では，ここで，かっこいい手のあげ方を練習しましょう。指はピン！　腕を耳にくっつけます」と言って正しい手のあげ方を指導します。これは，学習の躾にもなります。

第2問　○○先生の飼っている動物は何でしょう？

　　　　　①ライオン　　②キリン　　③犬

　これも，ほとんどみんな大正解（わざと当たるような3択にします）。

　何人かは本当にまちがえたり，ふざけたりする子もいるかもしれません。

　「さあ，どうかな？　答えは…③」

「いえ～い！」

「どうしてライオンやキリンじゃないってわかったの？」

と尋ねると，

「キリンはね，屋根から首が出ちゃうから」

「キリンは屋根の上だから，えさをあげられないから」

「ライオンは，人間を食べちゃうでしょ」

「ライオンは，おうちの中であばれるから，飼えないよ」

などと話し始めます。「すごい，すごい。わけを上手に言えましたね」とほめてあげます。

第3問　最後に1年生らしい，すてきなお返事はど～れだ？

　　　①はぁ～い　　②はいはい　　③はいっ！

「答えは③。みんな正解。それでは，みんなで練習しましょう」

「はいっ！」

このように発表の仕方や返事の仕方まで練習させます。このあと一人ひとりの呼名をします。きっとどの子も，きちんとした挙手や返事ができますよ。

はじめての宿題

担任の名前を覚えてもらうには，インパクトのある自己紹介をすることが大切です。私は「ふじき」なので，当時流行っていた妖怪ウォッチのキャラクターの絵を見せながら，**「ふみちゃんの『ふ』，ジバニャンの『じ』，キュウビの『き』，3つ並べてふじき先生です」**という自己紹介をしました。

そして入学式の日にさっそく宿題を出します。「おうちに帰ったら担任の先生の名前を5人の人に教えてあげてください。お兄ちゃんや妹，おじいちゃんやおばあちゃん。人でなくても，ぬいぐるみやミニカーにでもいいですよ」

そのまま3枚の絵を掲示しておくと，次の日学校に来た子たちはすぐに思い出して，みんな「ふじき先生！」と名前で呼んでくれます。

第7章　達人教師の学級開き小ネタ集　　123

心がキラキラいいこと貯金

　「みんなの心の中には，こんなハート型の貯金箱があるんですよ」と言いながら，黒板に大きなハートの絵をかきます。

 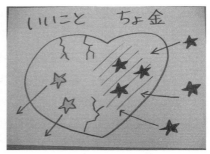

　「これはいいこと貯金といって，いいことをすると，キラキラ星が１つふえます。悪いことをすると，キラキラ星が減っていきます。キラキラ星が１つもなくなると，今度は，真っ黒星がたまっていきます。みんなは，キラキラ星でいっぱいの心と，真っ黒星でいっぱいの心，どちらがいいですか？」と話します。

　子どもたちは当然，「キラキラ星でいっぱいの心がいい」と言うでしょう。そして，どんなことをするとキラキラ星がたまり，どんなことをするとキラキラ星が減って真っ黒星になってしまうのかを話し合います。このような話し合いをすると，友だちが嫌がることを言ったり，正しくないことをしたりしないようになります。もしも，そういうことをする子がいると，

　「今のは真っ黒星だよ」
　「キラキラ星が減っちゃうよ」
などと，子どもたち同士で言い合うようになります。

　教師も目くじらを立てて注意する必要はありません。「今のはキラキラ星？　それとも真っ黒星？」と問いかけるだけで，正しくない行動を反省したり，自分で正しい行動を選択したりすることができるようになります。

配付物を手早く確認する方法

　4月は学校からのプリントが毎日たくさんあります。全員にすべてが行き渡ったかを確認したいものです。しかし，1年生には難しい漢字が多くて，読めません。字ばかりの特徴のないプリントは，みな同じように見えます。そこで，こんな工夫はいかがですか？

　同じ配付物を5ミリほどずらして，左上の方にマジックで色をつけます。他の配付物にも同じようにして別の色をつけてから配付します。

　確認するときは，「ピンクのしるしがついたお手紙はありますか？」「水色はありますか？」と聞いていきます。

　ないものがあったら「○○色がありません」と言いに来させることができます。黒板に色をかいたり，予備のプリントを全部黒板に貼ったりして，耳からだけでなく目からもわかるようにします。

　その日の配付物（予備のもの）には，日付を書いてクリップで留めておきます。「連絡帳には手紙5枚と書いてあるのに，4枚しか持ち帰りませんでした」というおうちの方からの問い合わせに「何色のしるしがお手元にありますか？」と聞くことで，どのプリントが届いていないのかすぐにわかります。

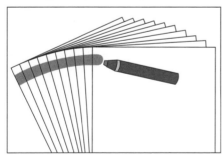

5ミリずつくらいずらして色をつける

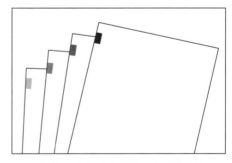

配付物ごとに色を変えて色づけする

2 2年生の小ネタ集

クラス替えしたなら「サイン会」

　いろいろな学級からやってきた2年生。まずは，クラスの一員として，自分のことを知ってもらい，みんなと仲良くなることが大切です。

　まず，1枚の画用紙の表に大きく名前を書かせ，まわりに好きなものの絵を3つかかせます。そして，1人ずつ前に立たせ，「これから，私（ぼく）の自己紹介をします。名前は，○○□□です」と言わせます。「私（ぼく）の好きなものを発表します。1つ目は△△△です。2つ目は☆☆☆です。3つ目は※※※です。これで私（ぼく）の発表を終わります」というふうに，話型に沿って話をさせます。簡単ですが，最初と最後のあいさつがちゃんとできること，大きな声ではっきり伝えることというめあてを達成させたいと思います。

　この後，画用紙の絵を見せないようにしながら，みんなばらばらに歩かせ，出会った2人組で，「好きなものなんだ？」と言い合い，当てっこをします。当たったら握手をして，画用紙の裏にサインをもらいます。

クラス替えしたなら「自己紹介マップ」

　新しいクラスになると，自己紹介がつきものです。しかし，いきなり「やりなさい」と言っても，なかなかうまくできるものではありません。そこで，子どもの見本となるような自己紹介を担任がします。

担任が自分のイメージマップを見ながら，好きなもの，得意なこと，住んでいるところ，こんなクラスがいいなあということを話します。その後，先生のイメージマップと記入用のイメージマップをみんなに配ります。

　そして「明日，みなさんにも先生と同じように自己紹介をしてもらいます。先生のイメージマップをみながら，自分のイメージマップをかいてきましょう」と言って宿題にします。

　次の日，自己紹介を始める前に，マップを見ながら話す個人練習をします。マップでは，「です」「ます」がついていませんが「私の名前は，○○△△です」のように，話すときには「です」「ます」をつけて話すように言います。「どんな性格かというと…です」「好きなものは…です」のようになります。このとき，マップに書いていないことでも，思いついたら話してもいいということを伝えます。例えば，「富士山に登りました。登るよりも降りる方がしんどかったです」などなど。少し高度になりますが，前に話した人と同じだったら「□□さんと同じで…」と話をつなげられるとさらにいいですね。

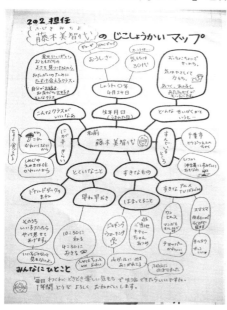

持ち上がりなら「ウォンテッド（さがしています！）」

　こんな人いるだろうなというものを10項目くらい考え，下のようなシートをつくります。自分のシートと鉛筆を持って教室を回り，出会った人と握手をしてから「今日，１人で起きられましたか？」などと質問をし合います。

　「はい」なら右に名前を書いてもらいます。「いいえ」だったら「ごめんね！」と言います。１人に１問しか質問できません。繰り返し出会った人と質問を繰り返し，10項目全部埋まったら持って来させます。大きく花丸をつけて黒板に貼ってあげます。

　終わった子は情報屋さんになり，終わっていない子に誰のところに行けばいいかを教えていいことにします。黒板を見て情報を得るのもいいでしょう。全員が花丸をもらえるまで行うことで，充実感がもてるだけでなく，情報交流によって知らず知らずのうちに会話が増え，理解が深まり，仲良くなれます。項目は，よくありがちなもの，おもしろいものがいいでしょう。どうしても当てはまる子がいなければ，担任が当てはまることにすればよいのです。

今日，１人で起きられた人	すずき　あきこ
はるやすみにこうえんにいった人	たなか　れいこ
さくらを見た人	こばやし　ひろし
はるやすみにころんでけがした人	わたなべ　たかし
あさごはんになっとうをたべた人	さとう　みちこ
きのう「ドラえもん」を見た人	きむら　たくや
はるやすみにおこられちゃった人	くどう　しずか
ドッジボールがすきな人	はしもと　まり
今日，元気にあいさつした人	たかはし　みえ
きのう，どきどきしてねむれなかった人	ふじき　みちよ

あいさつの本当の意味

　あいさつのできるクラスにしたいと，担任なら誰もが思うことでしょう。そこで，あいさつの意味を考える授業で学級を開くというのはどうでしょう。

問①「こんにち□」というあいさつ。□に「わ」か「は」を入れましょう。

　正解は「は」。漢字で書くと「今日は」。そして，この後に続きがあることを伝えます。「もともとあいさつは，『今日は，ご機嫌いかがですか』でした。だんだん省略して短くなり，後に続く意味が忘れられてしまったのです。相手のことを大事に思う気持ちがわかりますね」

問②「おはよう」というあいさつには，１年生で習う漢字が１文字当てはまります。どんな漢字でしょう。

　正解は「お早よう」です。ここでも，この後に続きがあることを伝えます。「もともとは『朝，お早いですね。今日もよい日をお過ごしください』でした。ただ，『おはよう』と言うのではなく，『いい朝だね，今日もがんばろうね！』という気持ちを込めて『おはよう』と言うといいですね」

問③「ありがとう」。この言葉の反対の言葉は何でしょう。

　　ありがとう ⟷ （　　　　　）

　これは，２年生には簡単に出せる答えではないでしょう。しかし，問いかけることで知りたい気持ちにさせることができるものです。解説は次のようにします。「ありがとう＝有るのが難しい，つまり『なかなかありえないこと，めずらしい，特別』という意味なのです。『ありがとう』には，『あなたがしてくれたやさしさは，ふつうにはありえないこと。だから私はとてもうれしいです』という心が込められているのです。では『なかなかありえないこと』の反対は何でしょう。正解は『よくあること』，つまり『当たり前』。当たり前でなく特別にやさしくされてうれしいということが伝わります。『ありがとう』という言葉がたくさんあふれているところには，やさしい気持ちがたくさんあるのですね。『ありがとう』でいっぱいのクラスにしたいですね」

（藤木美智代）

第8章 「今すぐ何とかしたい！」を素早く解決！ 学級開きの悩み Q&A

1　話を静かに聞けない子が多すぎます… ……………………………………132
2　注意されなくても話を聞けるようになってほしいです… ……134
3　体育館への移動で整列させるまでが一苦労です… ………………136
4　授業開始と同時に「先生，○○を忘れました」の声… ………138
5　騒いでいる子を怒ることから授業が始まります… ………………140
6　保護者はみんな自分よりも年上で緊張してしまいます… ……142
7　連絡帳を書く時間がありません… ……………………………………………144
8　「学校に行きたくない」と言っているという電話が… …………146
9　子どもたちの様子にイライラしてしまうことが… …………………148

Chapter 8

1 話を静かに聞けない子が多すぎます…

Question

元気いっぱいの1年生を担任することになりました。
「子どもたちに負けないくらい自分も元気いっぱいがんばるぞ！」
とはりきってスタートした新学期ですが，とにかく静かに話を聞けない子が多すぎます。
　1週間も過ぎたころには，喉を傷めて，声がガラガラになってしまいました。静かに話を聞ける子にするには，どうしたらいいですか。

Answer

反応がいい，と考える

　1年生は，とにかく元気です。逆に，元気のない1年生だとすれば，何か別の問題（なやみやいじめ）があるのではないかと心配になります。ほんの1か月前までは，幼稚園・保育園の園児だった子どもたちです。人生をまだ6年ほどしか経験していないのです。「入学当初の1年生がうるさいのは，健全な証拠だ」というくらいに，まずは，どっしりと構えましょう。
　喉を傷めるほど大きな声を出してしまったのは，子どもたちへの熱心な指

導…というよりも，あなた自身のイライラ感によるところが大きくありませんか。それぞれの場面で，どのような働きかけをすれば子どもたちが落ち着いて話を聞けるようになるのかを，ちょっと冷静な目で考えてみましょう。

別の言葉で「静かにしなさい」を伝える

「静かにしなさい」は，直接的な指示です。命令形ですので，指示する言葉の中で最も強い響きがあります。子どもたちのおしゃべりよりも大きな声で，しかも威圧的なトーンで「静かにしなさい」と言えば，一時的に子どもたちは静かになり，話を聞こうとします。でも，これは教師の命令に従っているだけで，子ども自身の成長にはあまり結びついていません。

「静かにします」は，どうでしょう。これは，子どもが主語になっています。「ぼく・私は，静かにします」という命題です。自分を主語にすることによって，他者から言われたからではなくて，自分で考えてこうするんだ…という意識をもたせることができます。

「みなさん，聞いてください」という語りかけも有効です。「教師から子どもたちへお願いなんかできるか！」なんて思わないでください。先生から優しい言葉でお願いされれば，子どもたちの心にもその気持ちは通じます。

「お話してもいいですか」と疑問形にする方法もあります。「はい」「いいです」とはっきり答えた子がいたら，

「○○さん，ありがとう」

と，名前を添えてその子をほめます。

基本は，よい行いをほめること

話を聞けない子が多いといっても，クラス全員が話を聞いていないわけではありません。よく観察してみると，私語が多く話を聞いていないのは，特定の子どもたち数名だったりします。

話の聞き方が上手な子を見つけて，その子をほめてください。その積み重ねによって，望ましい行動がクラスの中に増えてきます。

2 注意されなくても話を聞けるようになってほしいです…

Question

　明るく元気で,素直な子どもたちです。何か注意をすれば,反抗的な態度をとる子はいません。でも,自分から「どうすべきか」を考えて行動できる子が少ないな,と感じています。

　それは,授業中の話の聞き方でもそうです。「静かにしなさい」「話を聞きましょう」という注意（指示）がなくても,自分で考えて話を聞けるようにするには,どうしたらいいですか。

Answer

友だちを大事にすること

　静かに話を聞くことは,学習ルールの基本です。話を聞かなければ,勉強ができませんし,賢くなれません。まず,自分が賢くなるためには,しっかりと話を聞いて学習をしなければならないことを教えます。

　もう1つ,大切なのは,友だちとの関わりからの視点です。授業中,私語が多く自分の発表を聞いてもらえない学級では,安心して発言することができません。

話を聞いてもらえないと，子どもは，「みんなは，自分のことを受け入れてくれない」という不安な気持ちになります。

　友だちの話を静かに聞くことは，学習の基本的なルールであると同時に，安心感のある学級をつくる上でも大切なことなのです。

　「友だちの話を聞くことは，友だちを大切にすることです。友だちを大切にして，みんなが安心して過ごせるクラスをつくりましょう」
と，子どもに話します。

聞いてもらった友だちにも感謝

　1人の子が発表しました。まわりの子は，静かに話を聞いていました。

　発表を終えた子に，

　「今，みんなが静かにあなたの発表を聞いてくれたよね。どんな気持ちでしたか」
と聞いてみます。

　すると，「うれしかった」「安心して話ができた」という答えが返ってくるはずです。初期の指導では，ここで，

　「静かに話を聞いてくれてありがとうございました」
と言わせるのもいいでしょう。聞いてもらった相手（友だち）にお礼を言うようにします。

話を聞く意義

　話の聞き方の指導では，前項で述べたように，いくつかの効果的な言葉を教師が知っておくのも大切です。また，手のいたずらをしない・姿勢を正す・話し手の方を見る等，形から教える方法もあります。

　それだけではなく，「なぜ友だちの話を聞かなければならないのか」，その意義を学級づくりと結びつけて指導していきます。

　話を聞く意義は，自分自身の成長と友だちを大切にすること。

　2つの意義を，実感を伴わせて子どもたちに理解させましょう。

3 体育館への移動で整列させるまでが一苦労です…

Question

入学式を終えても,「1年生を迎える会」や全校朝会など,整列して体育館に移動する機会がけっこうあります。また,「学校探検」をするときなども,まず,教室で並んでから出発します。

ところが,きちんと整列させるまでが大変です。おしゃべり悪ふざけ,そのうちにけんかになる子もいます。

すばやく整然と並ばせるためには,どうしたらいいですか。

Answer

きちんと並ぶとは？

　まず,「きちんと並ぶ」とは,どういう状態なのかを教えます。
　1つは,おしゃべりをしないで並ぶこと。
「足音をたてないで並べますか」
「忍者みたいに並んでみよう」
という言葉かけが「きちんと並びなさい」という指示よりも有効な場合もあります。

2つは，真っすぐ並ぶこと。

「真っすぐ」には，縦と横の二方向があります。

横の列をそろえるのに一番有効なのは，手をつながせることです。

「お隣の友だちと手をつなぎましょう」

この指示で，手をつなぐという行為によって，結果として横の列がそろいます。男女別に並ぶ場合が多いと思いますので，「男女仲良く」を意識づけることにつながり，学級づくりにも役立ちます。

縦の列をそろえるには，

「前の友だちの頭が目の前に見えますか」

というように，視覚に訴える言葉かけが有効です。

間接性の原理

ある望ましい行動をさせるときに，「〜しなさい」と直接その行いを指示するのではなく，別の行為を指示します。

上の例でいえば

　　　望ましい行為　　　　　→　　　きちんと並ぶ

　　　指示する別の行為　　　→　　　隣の子と手をつなぐ

ということになります。

これは，間接性の原理と呼ばれています。

直接よりも，間接的に指示した方が子どもは動きます。間接的な指示は，直接の指示よりも，より具体的だったり，子どもが興味をもってすぐ取り組める行動だったりします。整列だけでなく，さまざまな場面で活用できます。

2年生をお手本に

体育館に集合したときに，2年生から並び方のお手本を見せてもらいましょう。これは，低学年部の先生方と事前に打ち合わせをして実施してください。1年生は2年生に憧れの気持ちをもち，2年生は1学年大人になった自分の成長を感じることができます。

4 授業開始と同時に「先生，○○を忘れました」の声…

Question

　時間通りに授業を始めたいと思っています。ところが，いざ授業を始めようとすると，
「先生，教科書を忘れました…」
と言いにくる子が毎時間のようにいます。時間のロスもありますし，何より，その子の学習に支障をきたします。
　忘れ物を減らす（なくす）ための効果的な指導を教えてください。

Answer

結果よりも理由に目を向ける

　忘れ物をしてしまうのには，理由があります。主な理由として，次のようなことが考えられます。
①時間割などを見て，次の日の準備をしたり，自分でチェックしたりする習慣が身についていない。
②親（保護者）に，連絡帳や配付物などを見せる習慣が身についていない。
③連絡を正しく聞いたり見たり書いたりすることができない。

これらの原因を解決できるように手助けしてあげることが大切です。

　理由①の場合なら，「時間割を見て準備する」とはどうすることか，小さなステップで説明し，イメージをつくってあげましょう。

教　師「（明日の時間割を指さしながら）明日の１時間目は，何？」

子ども「国語です」

教　師「そうだね。国語の時間に使うものは，何かな？」

子ども「教科書（国語の本）とノートです」

教　師「そうだね。国語の教科書とノートは，どれ？（手にとらせる）」

教　師「当たり！　それをランドセルに入れましょう」

　理由②の場合なら，時間を決め，家の人から声をかけてもらいましょう。家の人の声かけなしでできたときは，必ずほめてもらえるように，お願いしておきます。

　理由③の場合なら，持ってくるものを短い言葉で連絡します。色画用紙に書いて（１枚に１個ずつ）黒板に貼ったり，正しくメモできたかチェックしてあげたりすることが大切です。忘れずに持ってくることができたら，メモした部分にシールを貼ってあげましょう。

オノマトペで記憶させる

　藤野良孝氏の「オノマトペを使って，持ってくるものを記憶させる方法」が，低学年の子どもたちに有効です。「ピピピ」の後に，持ってくるものの名前を言わせるだけというシンプルな方法です。例えば，

　「ピピピ」　＋　「下じき」「ノート」

　リズムに乗って，何回か言わせたり手の動きをプラスしたりすると，子どもたちはノリノリになります。持ち物以外の準備にも使えます。

　「ピピピ」　＋　「鉛筆削る」

　次の日，「先生，削ってきたよ」と，子どもが見せてくれたら，「○○さん，すごいね！」のほめ言葉をかけてあげましょう。

【参考】『子どもがグングン伸びる魔法の言葉』藤野良孝（祥伝社黄金文庫）

5 騒いでいる子を怒ることから授業が始まります…

Question

　私の学校は，ノーチャイムです。子どもたちは，時計を見て，次の授業や活動の準備をすることになっています。チャイムの音に反応するのではなく，自分で考えて行動することは，とても大切だと思います。
　でも，授業開始の時間になっても，教室の後方でじゃれあってさわいでいる子（主に男子）がいます。「席に着いて授業の準備をして待つ」というルールを身につけさせるには，どのような声かけが効果的ですか。

Answer

まわりの子に注目してみる

　まず，教室後方で悪ふざけをしている子にではなく，そのまわりの子に注目してみましょう。この場合は，悪ふざけをしている子にではなく，よい行いをしている子に声をかけます。
　「この班の人たちは，静かに座っていてえらいね」
　「教科書とノートを開いて，勉強の準備をしていますね」
　このようなほめ言葉を学級全体に聞こえるように，少々大きめの声で話し

ます。こうした言葉かけで，教室後方で騒いでいた子たちも，あわてて自分の席にもどるはずです。

　ここで，

　「あら，○○君たちも，ちゃんと自分で気づいてえらいね」

と，その行為をほめます。

　通常であれば，

　「授業が始まるのに，何をやっているんだ！」

と叱られるはずが，結果的にほめ言葉を教師からもらえることになります。

　叱る場面をほめる場面に変えることができるのです。

　次の時間，授業開始前にきちんと着席して待っていたら，

　「きちんと座って待っていてくれて，先生，うれしいな」

と，自分の気持ちを伝える形で子どもをほめてください。

　大げさな感情表現でなくていいのです。日常の子どものわずかな成長に対して，自然な笑顔をそえて「先生は，うれしい」と話します。

温かい無視

　子どもが一番嫌なのは，無視されることです。無視されるのが嫌だから目立つことをします。中には悪さをして注目を集めようとする子もいます。

　そういう子に教師がかまいっきりになると，子どもは「悪いことをすると，先生は自分のことを見てくれるんだな…」と，誤った学習をしてしまいます。

　あっちで騒いでいる子を注意していたと思ったら，こっちでは別の子が騒ぎ出します。教室には，教師の怒鳴り声が響きます。悪循環です。

　そうならないために，悪さをしている子は，基本的には無視をします（これを，温かい無視と呼びます）。そして，よい行いをしている子に，まわりの子にも聞こえるようなほめ言葉をかけます。

　すると，子どもは，叱られるようなことをしていては，先生が自分に注目してくれないことに気づいていきます。そして，認められたい・ほめられたいという思いから，よい行いをするようになります。

6 保護者はみんな自分よりも年上で緊張してしまいます…

Question

　ほとんどの保護者は協力的なのですが，中には，細かいことで質問やクレーム？　と思えるような内容の連絡をしてくる保護者がいます。

　保護者は，みなさん，自分よりも年上です。そのせいもあって，保護者と電話で話したり面談したりするときは，とても緊張します。

　子どもたちへの指導よりも，保護者対応で頭の中がいっぱいになってしまう日もあります。保護者と良好な関係を保つコツはありますか。

Answer

事前の指導・対策が大事

　大切なのは，「保護者からクレームが来たらどうしよう」と事後の対策を考えることではありません。保護者からのクレームなど来ないような事前の指導・対策が大切です。

　保護者からのクレームで一番多いのは，友だちとのトラブルに関することです。友だちとのけんかがあると，子どもは，

　「ぼくは何もしていないのに，○○君が，ぼくのことを蹴った」

「○○ちゃんが，私の消しゴムをとって返してくれない」
などと，自分が不利益を受けた，ある一部分だけを保護者に話します。なぜ
そういう事態に至ったのかという経過は話しません。それを真に受けた保護
者がクレームをつけてくる…という場合が考えられます。

　子ども同士のけんかは，成長の過程において必要です。けんかをした後に，
仲直りをすることが大事なのです。大人になってからも，険悪な間柄の相手
と和解しなければならない場面があるかもしれません。そんなときに，けん
かをして仲直りをしたという経験が生きてきます。だから，たいていのけん
かは，子ども同士で解決させます。

　以上のような「けんかに対する指導方針」を，年度の早い時期に保護者に
伝えておきます。

保護者に連絡をする２つの場合

　合わせて，「保護者に連絡をする２つの場合」についても，保護者に伝え
ておきます。それは，けがをさせた場合と物を壊した場合です。

　学校は，大切な子どもを保護者から預かっています。預かっている以上，
命を守り，安全な生活を保障しなければなりません。だから，けがの程度に
関わらず，けがをさせてしまった場合は，すぐに保護者に連絡をします。

　物を壊してしまった場合も同様です。物には，購入するためのお金がかか
っています。お金だけでなく，それを買ってくれた保護者の願いも込められ
ています。例えば，学用品であれば，「これを使って一生懸命に勉強してね」
という願いです。それを壊したのであれば，値段に関係なく保護者に連絡を
します。

　連絡するときの鉄則は，「先にする」ことです。

　「けがをして帰ってきたのですが，どうしたのでしょうか？」
という問い合わせが来てからでは遅いのです。こちらから先に連絡をして，

　「ご心配をおかけしました」
という一言をつけ加えるようにします。

143

7 連絡帳を書く時間がありません…

Question

　連絡帳は，基本的には宿題や明日の準備物などを書くようにしています。また保護者から，体調のことなどの連絡が書かれていることもあります。でも，中には，ほぼ毎日，連絡帳に学校への質問や家庭での様子などを書いてくれる保護者もいます。
　それは，ありがたいことなのですが，返事を書く時間がとれません。連絡帳の活用は，どのようにしたら効果的ですか。

Answer

ありがたく拝読する

　連絡帳を頻繁に提出する保護者は，基本的には，教育熱心で学校に協力的な方です。せっかく連絡をしてくれるわけですから，まずは，ありがたく拝読しましょう。特に，1年生の最初の時期は，学年・学級通信での連絡に加えて，保護者との連絡帳でのやりとりが必要なことが多くなります。
　担任からの返事は，ほんの一言になります。詳しい返事が必要な場合は，連絡帳に「お電話でお伝えします」というふうに一筆書いて，その日のうち

に電話連絡をするようにします。また，内容が複雑な場合は，面談の場を設けるようにします。

　忙しくて返事を書く時間がない日には，印（判子）だけでもいいのです。短い返事や印（判子）だけであっても，担任が毎日欠かさず連絡帳に目を通していることは伝わります。

　では，実際問題として，いつ連絡帳への返事を書けばいいのでしょうか。私は，日記を毎日書かせていましたので，日記への一言返事と連絡帳への返事を，朝と給食時に書いていました。朝，教室に来たら，まず連絡帳と日記，その他の宿題を教卓に提出するようにします。朝の活動（朝読書や全校朝会など）の開始までに15〜20分あります。また，給食を食べ終えて「ごちそうさま」をするまでの時間や給食の片づけを終えた昼休みの時間を使いました。

　教師の1日が多忙なのは，十分承知しています。ですから，これは，実情に合わせて，担任が工夫するしかありません。無理なく，でも効率的に，自分に合ったやり方を見つけてください。

学級通信の役目

　連絡帳が，「特定の家庭とのやりとり」であるのに対して，学級通信は，学級全部の家庭への連絡になります。

　私は，週1回程度の「週刊学級通信」を発行していました。子どもたちの様子や授業風景，担任の思いなどを中心にした学級通信です。連絡帳には，学級通信への感想が書かれてくることがよくありました。保護者の了解を得たうえで，いただいた感想を学級通信に載せることもありました。

　個別の連絡は，連絡帳で。心配ごとや相談は，電話や面談で。そして，全家庭とのコミュニケーションを学級通信で。

　このように，それぞれの役目を分けて考えます。どのような方法であれ，保護者との連絡は，子どもたちの健全な成長のために行われます。その趣旨を，教師も親もしっかりと理解しなければなりません。

8 「学校に行きたくない」と言っているという電話が…

Question
　不登校ではないのですが，ときどき，朝「学校に行きたくない」と言い出す子がいます。不登校傾向の子どもです。
　登校をしぶっている朝は，お母さんから電話が来ます。電話の向こう側で，その子が泣いている声が聞こえます。お母さんも，仕事に出かける時間が迫り，困っている様子です。
　担任として，どのように話したらいいでしょうか。

Answer

理由を考えるのをやめる

　元気に登校すること。これが，親にとっても教師にとっても，一番うれしいことです。逆に考えると，子どもから「学校に行きたくない」と言われるのが，一番心配なことです。
　子どもが学校に行けなくなって，一番心を痛めるのは母親です。教育熱心な母親ほど，「私の育て方がいけなかったのだろうか…」と自分を責めます。不登校の正確な原因など，本人にもわからないのです。それに，原因を探っ

たところで，たいして役に立ちません。少なくとも，「母親の愛情不足が原因だ」などというのは，勉強不足の素人の言葉であることを母親にはきちんと話してあげましょう。

学校は行くものである

保護者から，Qにあるような電話が来たときには，
「遅れてもいいので，子どもを連れてきてください」
と話します。小学校低学年であれば，少々強引にでも母親が連れてくることができます。

よほどの事情がない限り，
「今日はゆっくり休んで，エネルギーを蓄えましょう」
などと言ってはいけません。

　　　子どもは，学校で勉強をするのが仕事。

　　　学校は，行くものだ。

昔から言われているシンプルな名言です。

いじめ等の深刻な理由・原因がある場合は別ですが，たいていの「学校しぶり」は，親と教師がシンプルな考えに立つことで，早期に解消できます。

望ましい自己決定を

不登校は，自立の問題です。ですから，自己決定をたくさんさせることが必要になります。でも，いくら自己決定が大事だといっても，それが本人のためにならない決定であったなら意味がありません。そこで，どちらを選んでも望ましい結果につながるような選択肢を与えます。

例えば，遅れて登校するのであれば「車で学校まで送るのか，一緒に通学路を歩いていくのか」その方法を選ばせます。また，「これから準備して出発するか，中間休み時間に合わせて登校するか」その時間を選ばせます。

どちらを選択しても，「登校できた」という望ましい行動に結びつきます。そして，その判断と行動，がんばった気持ちを認め，ほめてあげます。

9 子どもたちの様子にイライラしてしまうことが…

Question

私が教師を志した理由の1つは，「子どもが好き」だからです。でも，毎日の忙しい学校生活の中で，子どもたちが騒がしかったり，言うことを聞かなかったりすると，ついイライラしてしまうことがあります。

そうなると，子どもへの言葉がきつくなり，後で，「あの言い方は，きつかったかな…」と反省することがあります。教師として気をつけなければならない言葉には，どんなものがありますか。

Answer

✕ 「それでも〜か！」

入学したばかりの1年生に「どんな1年生になりたいですか」と聞いてみます。すると，「立派な1年生」「友だちと仲良くできる1年生」という元気な声が返ってきます。

進級した2年生に「新しく入学した1年生から信頼される2年生と，信頼されない2年生，どっちになりたいですか」と聞いてみます。すると，全員が「信頼される2年生」と答えるはずです。

子どもたちは，みんな「よくなりたい」と思っています。「悪くなりたい」なんて思っている子は１人もいません。そんな心の中に抱いている素朴な思いを，教師の問いかけで再認識させます。

　逆に，子どもたちに，こんな罵声を浴びせてしまったことはありませんか。

　（教師）「なんだ，その態度は。それでも２年生か！」

　きっと，子どもたちが，何か叱られても仕方がないことをしたのでしょう。けれども，もし，自分が同じ言葉を言われたときのことを想像してみてください。もし，「それでも教師か！」なんて言われたら，自分が悪いとわかっていても，素直になれません。同じ感情が，子どもたちにもあるはずです。

否定語よりも肯定語を

　言葉は，本来，誰かと仲良くなるためにあります。いがみ合ったり，相手をけなしたりするためにあるのではありません。これは，子どものコミュニケーション能力を育てるときに，基本とすべき考え方です。

　教師から子どもへの言葉かけにおいても同じことが言えます。教師の言葉は，子どもの行為を否定するためにあるのではありません。

　子どもたちが集団で学校生活を送っていれば，ルール違反や悪さも出てきます。そんなとき，

　「何やっているんだ！　なぜこんなことをしたんだ！」

と怒鳴りつけるのではなく，

　「こんなことをして，どういう気持ちだった？　うれしかった？」

と聞いてみましょう。子どもは，

　「嫌な気持ちだった。本当は，こんなことをしたくなかった」

と答えるはずです。

　叱るという行為は，子どもに否定語を浴びせかけることではありません。子どもの心に語りかければ，肯定語で叱ることだって十分に可能なのです。

　教師が，子どもを信じる気持ちをもちます。そうすると，肯定的な叱り方が見えてきます。

（佐藤　幸司）

【執筆者一覧】（執筆順）

福山　憲市（山口県下関市立吉見小学校）

佐々木陽子（東京都中野区立桃花小学校）

井阪　恵子（奈良県上牧町立上牧小学校）

大月ちとせ（岡山県新見市立本郷小学校）

青木　玲奈（神奈川県平塚市立花水小学校）

近藤　佳織（新潟県小千谷市立総合支援学校）

渡邊　朋彦（静岡市立川原小学校）

藤原　友和（北海道函館市立万年橋小学校）

齋藤　厚代（元東京都世田谷区立瀬田小学校）

樋口万太郎（京都教育大学附属桃山小学校）

奈良　真行（大阪教育大学附属池田小学校）

布川　　碧（大阪府豊中市立上野小学校）

森村　奈世（大阪府守口市立梶小学校）

宮本真希子（大阪教育大学附属池田小学校）

庄子　寛之（東京都世田谷区立池之上小学校）

藤木美智代（千葉県市川市立二俣小学校）

佐藤　幸司（山形県朝日町立宮宿小学校）

【編者紹介】
『授業力＆学級経営力』編集部
（じゅぎょうりょく＆がっきゅうけいえいりょくへんしゅうぶ）

毎月12日発売

教育雑誌を読むなら
定期購読が、こんなにお得

特典1 年間購読料が2か月分無料
月刊誌の年間購読（12冊）を10か月分の料金でお届けします。
※隔月誌・季刊誌・臨時増刊号は対象外です。

特典2 雑誌のデータ版を無料閲覧
紙版発売の1か月後に購読雑誌のデータ版を閲覧いただけます。
※定期購読契約いただいた号よりご利用いただけます。

スタートダッシュ大成功！
小学校　学級開き大事典　低学年

2018年3月初版第1刷刊　Ⓒ編　者　『授業力＆学級経営力』編集部
　　　　　　　　　　　　　発行者　藤　原　光　政
　　　　　　　　　　　　　発行所　明治図書出版株式会社
　　　　　　　　　　　　　　　　　http://www.meijitosho.co.jp
　　　　　　　　　　　　　　　　（企画・校正）小松由梨香
　　　　　　　　　〒114-0023　東京都北区滝野川7-46-1
　　　　　　　　　振替00160-5-151318　電話03(5907)6701
　　　　　　　　　　　　ご注文窓口　電話03(5907)6668
＊検印省略　　　　　組版所　株式会社明昌堂
本書の無断コピーは、著作権・出版権にふれます。ご注意ください。

Printed in Japan　　　　　　ISBN978-4-18-355122-1
もれなくクーポンがもらえる！読者アンケートはこちらから　→

小学校学年別

365日の学級経営・授業づくり大事典

6巻シリーズ

釼持 勉 監修

1年・1801　　4年・1804
2年・1802　　5年・1805
3年・1803　　6年・1806

B5判・各2,800円+税

必ず成功する！

1章　学級開きのポイント
2章　授業開きのポイント
3章　月別学級経営のポイント
4章　教科別学習指導のポイント

小学校学級担任の仕事のすべてが分かる！
学級開きから修了式まで、学級経営に関する全仕事を網羅しました。また、授業開きのポイントや各教科のおすすめ授業など、授業づくりのアイデアも盛りだくさん！巻末にはコピーしてすぐ使えるテンプレート教材集も収録。365日手放せない1冊です！

明治図書　携帯・スマートフォンからは **明治図書ONLINE へ** 書籍の検索、注文ができます。▶▶▶
http://www.meijitosho.co.jp　＊併記4桁の図書番号（英数字）でHP、携帯での検索・注文が簡単に行えます。
〒114-0023　東京都北区滝野川7-46-1　ご注文窓口　TEL 03-5907-6668　FAX 050-3156-2790